用新的方法，創造自己的理想老後

加入 50+LINE 全國最大熟齡生活風格媒體
除了這本書，你還會得到更多
50plus.cwgv.com.tw

現在開始美好

布局精采的後人生，
有事可做，有人可愛，有夢可追。

磊山保險經紀人公司創辦人

李佳蓉 —— 著

目錄

序

奉獻、傳承
讓人生更有價值

梁天龍／保險行銷集團董事長

　　不論在哪一個年齡，人生都可以愈過愈精采，佳蓉就是一個很好的例子。

　　我和佳蓉都在保險這個領域沉浸多年，她做的是保險的經營，而我從事的是保險資訊的經營，從我認識她時，她就已經是保險這一行的領軍人物。

　　要看一個人有沒有領袖特質，可以從兩個角度觀察，一是看本人，二是看對方帶出來的人。佳蓉本身，不論個人修為或待人處事，都是有守有為，把自己做到最好，而她所帶領出來的團隊，有品德、有品味，在工作績效上也表現優異，讓人相當佩服。

　　認識佳蓉超過二十多年，「求真」是她很重要的一

個特質。她不僅為人真誠，做起事來也絕對追根究柢，
把疑慮都問清楚了，她才會展開行動。

舉例來說，我們之前也曾經幫她出過書，她確認了
我們為什麼想幫她出書、出書的目的何在，就會全力配
合。她從事公益活動時也是如此，從來不是人云亦云，
一定是問明白、想清楚，心有定見了，才會慷慨解囊。

視公益為責任

佳蓉的朋友都知道，她是個非常感性的人，對於有
困難的弱勢團體，有著高度的慈愛心腸。有人做公益，
或多或少還是有點功利的考量，然而佳蓉從事公益，則
是視為責任、使命，是她應該要做、必須要做的事。

她參與公益，除了滿腔熱情，更有長期的發展方
針，對於每個贊助團體，每年要贊助多少錢、期待要做

出何種成果，她都胸有成竹，而且如數家珍。而且她不只是自己熱中做公益，還會帶動同仁、客戶，一起來投入公益活動，像保險行銷集團與「磊山保經」共同參與了「撿回珍珠計畫」，至於其他活動，只要她出面號召，我們一定共襄盛舉。

不斷提升的關鍵

在保險業界，不少人都在做公益，但是論規模、目標性、影響力，還是要以佳蓉和她的團隊最具代表性。

為人處事上，佳蓉也是面面俱到，賢妻良母不說，她對朋友有情有義，對於同仁更是悉心栽培，她會幫助他們成長，打造能讓他們一展身手的舞台，從她和年輕同事之間的親切互動，不難看出她真的盡心盡力做好傳承的工作。

我當年認識佳蓉時，對她的評價就是「Ａ」，如今更上一層樓，已經是「Ａ⁺」的境界。我認為，這些年來，她投身於奉獻與傳承之中，是她一再自我提升的關鍵。

　　在這本新書中，佳蓉自剖一路走來的心路歷程，包括她如何從保險這一行中發展個人的事業，也建立起財務安全的基礎；她在各種人際關係中，都能維持良好互動的心法；她對於人生各種面向的思考，特別是公益行善方面，別有見地；甚至也不吝分享罹癌之後，對於生死議題的感悟。

　　期待每個人都能從佳蓉身上獲得啟發，進而奉獻社會，完成傳承的責任，人生會變得更有價值、更有意義。

你的不一樣來自於
生活中發現真：本心

劉若瑀／優人神鼓創辦人

　　佳蓉是個認真生活的人，在人生這個大道場裡，與其說發現「新的事物」，她更重視發現「真的事物」。

　　「神」都藏在細節裡，佳蓉從認真面對生活的各種細節去發現「真的事物」。譬如有關旅行，她說：「旅行的意義在於發現，去沒去過的地方，累積前所未有的體驗，是發現『新的事物』；至於像我這樣，重複去同一個地方、做同樣的事，則是發現『真的事物』。所謂『真的事物』，就是屬於自己的『本心』，正是透過這種儀式般的一個人旅行，我更深入了解自己是什麼樣的人。」

　　優人神鼓的表演特質，是從看似重複相同動作的實

踐之中，去發現每個當下的真，在真之中呈現一場力與美的儀式。此外每隔幾年，優人神鼓也會舉行環繞全台灣的雲腳儀式，走一天路，打一場鼓。

創造可愛又有意義的生活儀式

而事實上，人們也可以在生活裡創造自己的儀式，像佳蓉就有屬於她自己的行腳儀式：每年大年初三，她會在中山北路上和自己散步約會，給自己獨處的時間與空間。

佳蓉說：「散步帶給我很多收穫，既可以沉澱思緒，找出生命前進的動力，也可以深入探索城市的各種風景，還有一點很重要，就是練習獨處。」

這個每年大年初三在中山北路上與自己散步約會的靈感，是來自佳蓉小時候聽過一首台語歌〈中山北路

行七擺〉，她福至心靈地創造了這場特別的約會。真是可愛又有意義的約會。這個屬於佳蓉自己的年度行腳儀式，私密生命的「中山北路行七擺」，不知不覺已經持續了超過二十年。

儀式必須堅持，才能真成為儀式。譬如在佳蓉家，還有一個重要的儀式，就是擁抱。孩子還小時，媽媽經常跟兒子們擁抱，兒子們進入青春期後曾經一度抗拒，但佳蓉還是堅持。如今，孫子們耳濡目染，會自然而然伸長手臂說：「阿媽，抱抱。」

好好生活好好工作是一種益己利他的道

不論是哪一種行業的工作者，都需要找到如何好好活著（鍛鍊健康的品質）、好好工作（發揮生命的價值）的方式。

佳蓉更進一步提醒：應在好好活著、好好工作的同時，規劃一種兼顧「益己」與「利他」的保險計畫，讓自己無論在生時或死後，都更無後顧之憂。這是一種理性的規劃，但在我看來更是一種兼具感性的規劃，因為保障一個人如何好好活著、好好工作，就是讓所有與這個人相關的其他人都受益，「益己」與「利他」是相輔相成的。

一般說到保險，總被認為「益己」只限於自身與家人，但佳蓉把保險工作經營得不限於此，讓更多的個人好好活著、好好工作，滴水匯流，更大的群體都能安心地好好活著並好好工作，這樣的影響將使得社會創造出更祥和而有活力的能量。

所謂自渡而後渡人，不就是這樣的景象嗎？

過去，台灣社會對賣保險的觀感多半並不是很正

面，現在，這種刻板印象雖然在慢慢改變中，但佳蓉與她所帶領的磊山團隊，不只完全不受這種刻板印象影響，反而在社會上帶起磊山團隊做公益與做保險本業一樣帶勁的形象。

佳蓉更在本書裡細細說明，如何以規劃保險來做為人生規劃的巧妙槓桿，創造生活品質與心靈品質的後盾——保險不是你以為的那種刻板印象，保險可以是一種人生規劃的巧妙槓桿。

我不只一次說到，如果優人神鼓是在進行「道藝合一」的修鍊與推廣，佳蓉與她所帶領的磊山團隊就是在進行「道業合一」的修鍊與推廣。萬象世界裡，每一個人都在找一個的管道，進行「益己」、「利他」的修鍊與推廣，這不就是我們生而為人，在人間走一遭，最重要的天命嗎？

人生隨時都可以是一個開始

事實上，人生隨時都可以是一個開始。

在本書〈序曲〉裡，佳蓉說：「人生下半場，你可以展現不一樣的風采……怎麼活，其實來自價值的選擇」。我則要在此借花獻佛，把這句話略改成：「人生的任何時候，你都可以展現不一樣的風采，這來自價值的選擇」，來送給所有年齡層的讀者們 —— 你可以選擇一個相應的管道，來創造、發揮、書寫你的生命價值。你的不一樣來自於生活中發現真，發現本心。

佳蓉是個非常有生命藝術創造力的人，透過書寫生命智慧結晶，與讀者分享：如何打造財務安全、如何重建人際關係、如何維持健康平衡的身心、懷著愉快感恩的心去完成讓人生圓滿必做的十件事。這本書是她對人

們的愛，親愛的讀者們，請點亮你的桌燈或床頭燈，打開這本書，讀一讀佳蓉充滿愛與智慧的文字，給自己一點生活的小享受，從中獲得一些生活規劃的靈感。

感恩緣分的安排，這麼多年一路走來，優人神鼓與佳蓉的磊山團隊，成為彼此「上天安排的天使」。

有志業，心就不老

朱衛茵／飛碟電台主持人

從事廣播多年，我經常為了介紹新書，採訪各行各業的人士，佳蓉因此來上過我的節目。她是個性情中人，言談之間真情流露，而且很會讚美別人，我們一見如故，友誼持續至今已經超過二十年。

心靈相通的朋友

有一種朋友，不必頻繁見面，久久見一次，仍覺得心靈相通，對我來說，佳蓉就是這樣的朋友。我們平時各忙各的事，心血來潮就約見面吃個飯，聊聊最近過得如何，我經常能從她身上學到一些事情。

記得有一次，她請我到一家視野極佳的飯店吃飯，

我很好奇問她：「妳怎麼知道這個地方？」她告訴我，每當市區有新的飯店開幕，她就會帶孩子來體驗，增長他們的見識，她教養孩子的方式，對我就很有啟發。

生氣蓬勃地忙志業

認識佳蓉這麼多年，每次見到她總是生氣蓬勃，好像有做不完的事情，而她在忙的不是事業，而是志業。

事業和志業不同，事業是為了生活而汲汲營營，志業則是為了熱忱和使命感而付出、奉獻。根據我從旁觀察，佳蓉的志業，除了從事公益，另一個就是栽培年輕人，而且她是一個實踐者，從來不會光說不練，我一路看著她幫助了那麼多個公益團體，也栽培出一個又一個可以獨當一面的年輕人。

人只要有志業，心就不會老，就能一直保持著豐沛

的能量和活力。

日常生活就可實踐

每個人的生命歷程不同，所懷抱的志業也不一樣。到偏鄉幫助弱勢的孩子是一種志業，到醫院當志工也是一種志業；至於我的志業，就是將音樂、信仰、愛的價值發揚光大。

在電台主持節目，與其說是我的工作，更像是我的志業，是我想要一直做下去的事，因此，「退休」這兩個字，從來不在我的生涯規劃中。

志業不見得是很偉大的事情，日常生活中很多瑣碎小事，只要我們真誠付出，讓更多人感受到愛與正面能量，也都是一種志業。

像我去便利商店買東西，年輕店員面無表情，我

對他微笑，對方感受到我的善意，臉上的線條也跟著柔和；或是我跟朋友們去上滾筒運動課程，一堂課上完，有人臉部發青、發白，有人大喊筋肉痠痛，這時候我教大家怎麼透過精油按摩或泡熱水來解除疲勞……。這些點點滴滴，分開來看或許微不足道，累積起來就會讓這個世界變得更美好。

享受人生最好的時光

就像佳蓉在本書中所分享，跨過五十歲這個分水嶺，人生下半場也可以過得很精采。跟人生上半場的起伏跌宕相比，在這個階段，我們擁有一路走來的人生智慧，開始可以放慢腳步，欣賞這世間的風景。

特別是對於很多人來說，過去擔負著維繫家庭、養育下一代的重擔，如今責任漸漸告一段落，我們應該開

始好好愛自己，選擇對的朋友，從事自己所愛的志業，
現在正是享受人生的最好時光。

序曲
美好後人生，從現在開始

　　二〇二〇年一月十八、十九日，為了慶祝磊山保險經紀人公司（簡稱磊山保經、磊山）成立十週年，我們舉辦的「你、我、我們」公益音樂會，在國父紀念館盛大開演。

青春不留白

　　這是一場與眾不同的音樂會，國際知名表演藝術團體優人神鼓、南投縣仁愛鄉親愛愛樂弦樂團、台東公益團體孩子的書屋、台灣原聲童聲合唱團、南投仁愛兒少家園、台灣新巨輪服務協會、弘道老人福利基金會、青少年表演藝術聯盟等八個屬性迥異的團體，一起站上舞台，攜手打造出這場有聲有色的音樂表演。

這些團體的演出，各有不同特色。以弘道老人福利基金會為例，這群年齡層大約在七十歲到九十歲的銀髮長輩，戴上學生帽，穿著吊帶褲、吊帶裙，手舞足蹈地唱著〈青春不要留白〉，可愛得不得了，贏得台下如雷掌聲。

每一天都生氣勃勃

當最後一場演出完美落幕，台下的我，內心百感交集。

誰說老人家一定是白髮蒼蒼、老態龍鍾？人生下半場，你可以展現不一樣的風采，這群可愛的長輩們就是最好的示範。

怎麼活，其實來自價值的選擇。我自己就有深刻的體驗。

隨著人生進入下半場，不必再為生活拚搏，我更能沉澱，並且勇敢追尋自己的核心價值。

十年前，我五十五歲，是保險公司的金牌業務，只要再做幾年，就可以從容退休，享受熟年。然而，我選擇離開老東家，自立門戶，創辦「磊山保經」，並且把企業拓展到中國大陸和東南亞，讓業界不少人跌破眼鏡。

我的外公生前樂善好施，母親雖然是聾啞人士，退休後也

全心全意當起志工。受到他們的影響，我把回饋社會當作人生的核心價值，而實踐的方式就是成立「磊山保經」。

在台灣保險界，你很難找到一家比「磊山保經」更熱愛公益的企業。

我常跟別人說，自己的主業是公益，副業才是做保險。公司成立十年來，我們固定舉辦「磊山公益月」，邀請客戶和員工一起長期支持公益團體，以「在一起，更美好」為號召，讓愛的正能量持續循環。

經過一場又一場的公益活動，不但團隊的關係更加緊密，年輕夥伴也認同我的價值，積極投身公益，形成傳承。

提早經營就能從容面對

如果說，我的人生下半場每一天都生氣勃勃，充滿驚喜，那是因為我仍然有事可做、有人可愛、有夢可追。

想要擁有美好的後人生，並非自然可得，卻也不太困難。從上半場到下半場，除了生命重心與財務來源發生變化，人際關係、身心狀態也將面臨挑戰，你必須提早經營，在下半場到

來前就開始準備。

如果你選擇開放自己、保持熱情，你將發現，下半場的我們，累積了智慧、人脈、經驗，更能從容地活出精采人生。

透過這本書，我想跟你分享如何經營四大面向，活出不一樣的後人生。

首先，是打造財務安全。以上班族來說，五十歲到六十五歲，是最後一個擁有穩定收入的階段，你要把握這段時光，為退休後打造安全的財務。

我並非教人發大財的投資專家，理財方式也十分保守，就是買保險。事實上，只要能夠及早從事完整的保險規劃，你不必發大財，也能擁有穩定的退休生活。

維持快樂的心境

其次，是重建人際關係。在人生的下半場，父母老去了，兒女離巢了，跟另一半的親密關係開始平淡，而職場上的朋友也可能在退休後漸行漸遠，這時候，跟家人建立互留空間的相處模式，結交幾個可以做為心靈寄託的好朋友，人際圈子才不

會愈來愈小，日子愈過愈「宅」。

另外，我想分享如何達成平衡的身心健康。

身心健康絕對是美好人生的基礎，我雖然不是養生達人，但個人經驗中有一點絕對值得參考，那就是：維持快樂的心境，是最好的養生之道。

走過前半人生、邁向後半歲月，我們也應該認真思考，如何讓這一生圓滿。我列出了自認為讓人生圓滿必做的十件事，你也可以列出自己的心願清單，逐項完成，不但此生無憾，說不定還能帶來新的人生契機。

我相信，人生五十才開始，五十歲之後的人生，不只是退休、養老，而是可以充分發揮熟齡智慧，擴展影響力，讓生命持續發光發熱的黃金時刻。

不設限就會不平凡

只要不自我設限，即使是平凡的一天，也可以創造不同的幸福。

有一次，我和一位等待許久的客戶終於約好見面時間，這

個客戶難得在台灣，我打定主意，這次不管是成是敗，一定要談出個結果。因此，我把會議全部排開，騰出一整天的時間給她，並且把孩子交代給母親照顧，在前一天晚上就來到她住的地方，中壢。

沒想到，當晚客戶就打電話給我，「佳蓉，來吃飯談談吧。」我開心地去了，一夜相談，賓主盡歡，回到飯店後，立刻酣然入夢。

隔天一早五點半，我精神飽滿地醒來。想到自己突然擁有完整的一天，而且徹底屬於自己，頓時愣住了。要做什麼呢？

我一點也不想像平日一樣，立即跳上車，一個小時後回到台北，繼續忙不完的工作和家務。當下，我突然想從中壢走路回台北。

記得極地超馬冠軍陳彥博曾經說，他從十幾歲開始，每年過年從台北返回老家雲林時，總是一路跑回去，鍛鍊自己。從中壢到台北，不過是台北到雲林的四分之一路程，我一個成人難道走不到嗎？真走不下去，也可以坐車啊？此刻，我有時間、有體力、有心情，還有什麼好猶豫的？

任性的幸福

說做就做，說走就走。

我帶著優閒的心情慢慢走，坐下來吃碗麵，品評沿路的檳榔西施，然後彎進小柑仔店買支清冰冰棒，一邊回味童年滋味，一邊看風景。就這樣，那天晚上十二點，我走回到家。

至今我仍然記得，在中壢向店家問路時，對方用一副妳瘋了的表情反問我：「妳要走到台北？」不過，這一天，在我生命中是如此的獨特，每當回想起來，心中總有那麼一股任性的幸福。

但願本書的每一位讀者，都能活出精采的後人生，擁有屬於自己的幸福美好。

最後，我要感謝遠見‧天下文化事業群創辦人高希均教授、王力行發行人的肯定，以及林天來社長的支持，讓我有機會分享些許人生經驗，同時特別感謝用溫暖和愛採訪，陪我一起整理想法的其濬、桂芬、于瑤，透過他們細心的規劃和整理，完成這本給予社會祝福的美好禮物！

感謝人生道路上陪著我一起走著的家人、老師、夥伴以及朋友，走在一起是緣分，一起走過是幸福，因為您們，我的人生如此的精采、豐富、圓滿，我期望可以把您們給我的愛傳遞出去。

　　謝謝所有的您，有您們真好！

　　祝福您，

　　現在，開始美好！

第一部

穩當安全的財務

要為美好的未來生活打下良好基礎，

首重務實的財務規劃，

不必發大財，

就能安穩度過人生下半場。

1 完整的保險規劃
撐起財務安全網

　　從小，我生活在一個不虞匱乏的環境中。

　　我的阿公（外公）是在戰亂中出生的孤兒，年輕時跑船，四海漂泊，攢了一點錢，便回到陸地上做個小生意，慢慢地發達起來。

　　或許是因為自己的成長歷程，阿公對於同樣孤苦無依的孩子，總是傾力幫助。記得小時候，我們家後院住了五十幾位他帶回來的孩子。如同照顧自己的親生兒子一樣，阿公不但供他們吃住，還教他們人生道理，直到他們長大，可以自力更生了，才讓他們離開。

　　我的母親，也是阿公、阿媽收養的孩子。她先天性聾啞，遭親生父母棄養。雖然阿公、阿媽當時已有一個女兒，仍然收

養了我母親，而且對她的照顧、疼惜，沒有差別。

從天之嬌女到扛起債務

我是這個家裡第一個出生的孫女，雖是養女的女兒，阿公、阿媽對我卻寵愛有加。

曾經在吃飯時，餐桌上擺了八菜兩湯，但是我搖頭說想吃魚翅羹，阿媽立刻為我準備一鍋專屬的魚翅羹；上學需要文具，我直接到文具行挑選，家裡自然有人去結帳；我甚至沒有自己洗過頭髮，只要往對面的髮廊一坐，就有美髮師幫我服務，讓我神清氣爽地回家，至於誰來付錢，我不關心，幸福到甚至不知道洗頭髮是要付錢的。

做為被阿公、阿媽捧在手心裡呵護的天之嬌女，我不曾為金錢所苦，卻在婚後遭遇財務的壓力。

大學畢業沒多久，我就嫁人了，當了台南人的媳婦。相對於娘家慷慨、不計較的作風，夫家就比較傳統、保守。

婚後，我搬到高雄，跟丈夫的家族住在一起。當時我從事國際貿易，收入還不錯，然而夫家的經濟出現狀況，婆婆頻頻

要我幫忙。四處調頭寸的結果，竟是不知不覺間債台高築，在三十二歲那年揹上兩千萬的債務，而且金額還在持續累積。我心中焦慮難安，不知何時會出現壓垮駱駝的最後一根稻草。

為了解決問題，我向夫家提出到台北打拚還債的要求，婆婆答應了，於是我帶著兩個孩子離開那個大家庭，重新出發。

剛回到台北，我身上沒什麼錢，然而不論是租房子或是辦公室，都需要一筆押金。親戚朋友已經借過我一輪了，我只好求助於大學同學兼閨密阿敏。阿敏想了想，說：「我聽說用保單可以借錢，妳不是有好幾張保單，要不要去問問看？」

因為阿敏，我才知道，原來保單可以用來借錢。

因緣際會買保險

我會買保險，其實也跟阿敏有關。阿敏的大姊廚藝極佳，大學時代的暑、寒假，我常跟阿敏到她大姊家，陪她打牌，順便蹭飯吃。大姊頗有威嚴，打牌時，如果其他人出錯牌，她還會罵人，所以我有一點怕她。

大姊本身做保險。大學畢業後，我剛到台北一間貿易公司

上班，阿敏便打電話來說：「大姊說，妳開始領薪水，應該要買保險了。」

我心想，畢竟在大姊家吃了好多頓飯，受了她不少照顧，又懾於她往日的「威嚴」，就聽話地跟大姊買了保險。

當時我月薪七千元，保費就要六千八百元，每個月只有兩百元可以花用，但我從沒想過要跟大姊討價還價，只是每天走路上下班、回家吃飯來默默省錢。所幸半年後我加薪了，繳起保費也不會覺得負擔太大。

之後，我自己開貿易公司，難免跟一些官太太打交道。那個時代，官太太們很流行做保險，為了打好關係，我多少也跟她們買保險。不過，在我心中保險是「支出」，若是對方要我買一百萬的保額，我就買五十萬；若要我買五十萬，我就砍到二十萬，能少買盡量少買。然而幾年累積下來，身上就有了十幾張保單。

經過阿敏一提醒，我立刻向保險公司詢問，原本心情還有點忐忑，沒想到，光是一家保險公司，我就能借到二十幾萬。靠著這筆保單借款，我付了住家、辦公室的押金，也添購了簡

單的家具，得以在台北開始新的人生。

保單借來起家金

坦白說，過去每次繳保費時，我都是心不甘情不願的，特別是在薪水只有七千元的那半年，天天省吃儉用，日子過得苦哈哈的，賺來的錢都放進保險裡，真有種不知人生所為何來的困惑。

然而，自從用保單借到「起家金」後，我發現保單竟然這麼好用，因此之後每次遇到生意需要周轉，我就用保單借款，不但手續簡單，而且早上借、下午錢就撥下來，趕三點半絕對沒有問題。連我在台北買的第一間房子，也是用保單借款來繳頭期款。

一開始，我們租的房子在三樓，兩個孩子年紀還小，總是蹦蹦跳跳、跑來跑去，樓下鄰居來抗議我們太吵，影響他家的孩子準備聯考。孩子被抗議後，走起路來躡手躡腳，我看了十分心疼，開始另尋住處，後來我看中一間位於一樓的房子，心想：這樣一來，孩子再怎麼跑跳，都絕對吵不到人吧！

當時我還揹有債務，沒有足夠的現金繳頭期款。遇到這種情況，多數人的思維會是「守勢」，就是還完債再買房子，但是我的做法是「攻勢」，先買房子，然後鞭策自己更努力賺錢還債。我認為，如果被債務困住，什麼都不能做，反而更不利於改善財務。

靠著保單借款，我以攻勢策略，二話不說買下那間房子。

懂得使用保單借款後，對我來說，保險不再是「支出」，而是最重要的「理財工具」，因此我買了更多保單，如今成為我經濟上最大的後盾。

現在回想起來，當年如果不是阿敏的大姊要我買保險，每個月繳六千八百元保費，我的薪水大概也不知不覺就花掉了，保險形同逼著我儲蓄。咬牙繳完後，我就開始領錢，經過多年，至今每五年還可以領二十萬。

不做自己不懂的投資

後來我轉戰保險業，曾經拜訪一對夫妻。這對夫妻開發了一套計算公式，用撒網的方式四處標會，再拿標會的錢投資

房地產，他們跟我同齡，當時已經身價非凡。我向他們介紹保險，自然接受度不高，甚至還勸我：「佳蓉，做保險賺錢太慢了，妳應該參考我們的做法。」

他們透露了那套發財的計算公式，但是我實在看不懂，而我的原則就是，絕對不做自己不懂的事，因此沒有追隨他們的腳步。

這對夫妻投資的規模愈來愈大，除了標會、買賣房子，也開始操作股票。證券行視他們為大戶，特別開了VIP室方便他們看盤。沒想到，後來股市突然崩盤，他們的財產大幅縮水，人也不復之前的意氣風發。

他們的遭遇給了我很大的警惕。我提醒自己，投資一定要謹慎、考慮風險承受度，以至於到如今我從來不買股票，連續優股都不碰。

倒不是認為投資股票不好，只是比起大起大落的股票，穩扎穩打的保險更適合我。

理財時談資產分配，通常會畫個「理財金字塔」，以風險高低來區分，最底下一層是保險、儲蓄，風險最低，第二層是

績優股、房地產，第三層是基金、股票，最上面的第四層則是期貨，風險最高。

我有很多客戶，把大部分資產放在風險較高的第三、四層，只要市場上稍微有點風吹草動，他們立刻就會繃緊神經。而我自己則是以保險、儲蓄為主，再加上一點房地產，或許沒辦法賺到很多錢，但是卻可以很放心，把全副心力投注在自己喜歡的事業上。

繳不出的遺產稅

投入保險業半年後，有一天，一位客戶告訴我他朋友的遭遇，讓我又開始反省自己的財務規劃。

這位朋友的母親過世後，在鬧區留下了三角窗店面的房子，這是一筆不小的資產，朋友卻陷入困境：這個房子的地點絕佳，遺產稅當然很可觀，但是他手上現金不夠，如果繳不出遺產稅，房子就得法拍；一旦法拍，房子的價值一定大幅降低，母親留傳店面的美意也會打折扣。因此，他十萬火急地籌錢繳稅。

之前我買的保單以儲蓄險居多，加起來保額也不過五百萬元。聽到這件事後，我不禁重新思考，五百萬元的保險真的足夠嗎？一旦我不在人世了，是否有足夠的理賠金讓孩子繳遺產稅或過生活？

一生最正確的決定

我認為，一個人拚搏大半輩子，經濟上大概有三種結果：富有、貧窮，以及普普通通。

如果我很富有，就會留下很高額的遺產稅，五百萬一定不夠；如果我很貧窮，就必須把自己照顧好，不要成為孩子的負擔，五百萬應該也不敷使用；如果我的經濟狀況普普通通，除了要把自己照顧好，也想留一點錢給孩子，五百萬還是不夠。

總之，現有的五百萬保險，都不足以解決我老後、身後終究要面臨的問題。於是，我規劃了一張二十年繳完、五千萬元的終身壽險。

回到我預想的三種狀況：

如果我老後非常富裕，身後留下巨額遺產，五千萬的理賠

金足以讓孩子繳遺產稅。

　　如果我老後經濟陷入困境，在保費已經繳完的前提下，可以將保單每年「部分解約」，固定領回一定的錢做為養老金；若是在繳費期限內就繳不出保費，則可以要求「減額繳清」，之後不必繳費，雖然保額會跟著減少，但是仍然可以每年「部分解約」，領回一定的錢養老。一旦啟用「部分解約」，保額會跟著縮水，如果每年領，領到最後保額歸零，身後就不會有理賠金，等於這張壽險保單都用在自己身上。

　　如果我老後經濟狀況還過得去，但是想留一點錢給孩子，在急需用錢時可以動用單次的「保單貸款」，不管能否償還，身後仍然可以留一筆理賠金給孩子。

　　也就是說，無論我老後處於哪一種狀況，不管是做為個人養老之用，或是留給孩子繳遺產稅或其他用途，這張終身壽險都能發揮相當的價值。

　　五千萬元的保額，每年要繳的保費自然不低，繳錢的時候也是很煎熬，不過，熬著熬著也就繳完了，而人生下半場的財務安全也有了保障。現在回頭看，買這張保單，應該是我這輩

子做過最正確的決定。

　　之後，我又補充了一些其他類型的保險，零零總總算起來，已累積了四十八張保單。可以說，這四十八張保單，撐起我財務自由的安全網。

　　從小不識匱乏滋味的我，雖然遇上千萬債務的考驗，反而因緣際會認識了保險的價值，進而投入這一行；也因為有保險做為財務的後盾，五十歲之後的我，可以更自由、更安心地去過自己想要的生活。

2 創造、守住、傳承

在財富這件事上，人生有三大重要的課題：創造財富、守住財富，以及傳承財富。

人生的上半場，以「創富」為主。在這個階段，我們或是工作賺錢，或是投資理財，透過財產的累積打造個人的經濟獨立，並為退休後的財務自由奠定基礎。

不依賴子女救濟

至於，要準備多少退休金才夠用？答案就因人而異了。

我認為，可以從原本的所得和生活水準去估算。如果你原本每個月收入十萬元，通常過的也是符合這個收入的生活，如果退休後要過三萬元的日子，你應該很難適應。

根據目前每年度平均支出，算出退休後每個月基本生活費，再加上退休後可能產生的新用度（願意自費負擔的醫療費、休閒旅遊費）等，大概就是你需要準備的退休金。

　　我看過一個美國的調查報告，研究團隊追蹤了同一世代從年輕到老年的財務狀況，結果發現，除了極少數人成為富豪之外，近乎一半的人退休後是靠「依賴救濟」維持生活。在這份報告中，由子女撫養，也列入「依賴救濟」的定義之中。

　　傳統的觀念中，總是認為老後有子女撫養，對於準備退休金不甚積極。事實上，「養兒防老」的想法已經不適用於當代，我們不能再期待「依賴救濟」，應該在人生上半場努力創造財富，然後靠自己的能力，活出美好的第二人生。

　　進入人生下半場，若是未屆退休年齡，自然還是有收入；即使已經退休，也可以發展事業第二春，另開財源，持續「創富」。不過，在這個階段，「守富」、「傳富」變得格外重要。

　　只要年輕時認真工作，50⁺族群通常都會存下一些錢，難免成為親朋好友借貸的對象。

　　我的母親就是一個活生生的例子。她從教職退休後，明明

領了不少退休金，皮夾裡卻總是只有幾百塊錢。經我追問，才知道她有很多錢都被借走了。

借錢給親友，可能多少還拿得回來。若是家裡有啃老族，動輒伸手要錢，甚至動腦筋來挖父母的退休金，面對這種「家賊」，如果不好好守富，可能辛苦一生的錢都會被掏空了。

藏在鐵桶裡的兩百根金條

為了「守富」，有些長輩想盡辦法藏錢，後遺症就是，時間一久便忘記藏在哪裡。很多人自認記憶好，絕對不可能忘記，然而，年齡是記憶的敵人，可別期待你七十歲時記憶力跟五十歲時一樣好，更別說老了還有失智的風險。

我有位朋友，家裡開工廠，公公、婆婆殷實打拚了一輩子，後來不幸罹患失智症。工廠裡有十個鐵桶，注滿水泥，專門用來擋門。婆婆晚年經常指著那些鐵桶，彷彿意有所指卻又說不出什麼，子女看慣了，也沒有特別注意。

婆婆過世後，某一天，他們突然心血來潮，把其中一只鐵桶剖開，一看不得了，桶裡居然藏了二十根金條。十個鐵桶，

就藏了兩百根金條。

朋友的婆婆會把金條藏在鐵桶中，當然是為了守富，但是萬萬沒料到自己後來失智，還好子女們想到要剖開鐵桶，否則這批金條不知將流向何處。

不麻煩人的身心安頓

我認為，守富最好的方式有兩種，一種方式就是將整筆退休金信託，由受託銀行依照契約管理、分配，然後依需要慢慢領回使用；另一種方式，就是做保險規劃，把錢放進保險中，身上沒有大筆現金，也比較不容易被覬覦詐騙。

保險是個自動運作的機制，帳戶自動扣繳，也會自動付款，不必花太多心思去管理；而且，只要人活著，錢就會一直進帳，不必擔心坐吃山空。

我有位開印刷廠的客戶，當年因為人情跟我買了幾張保單，其中有一張是癌症險。後來他罹患鼻咽癌，住進林口長庚醫院，我去探病，他特地跟我鞠躬：「佳蓉，謝謝妳幫我規劃了癌症險。」

我心想，以他的財力，一天領個六千元理賠應該不算什麼吧，為什麼有這種感慨？

　　不等我開口問，他便主動解釋說，原來是因為他的兒子很孝順，每天從台北來林口看他，於是他開解兒子，保險一天理賠他六千元，用三千元來請看護，綽綽有餘，不必天天辛苦來回跑。

　　「當我說這些話時，感覺自己處於身心安頓的狀況，」這位客戶形容。這也是我第一次聽到有人說，保險讓他感到身心安頓。

　　同樣為人父母，我大概理解他的心情。兒子當然不可能要老爸自己花錢請看護，但是做父親的又不希望造成兒子的負擔。這張保單讓他可以安心養病，又不必麻煩兒子，所以才會身心安頓。

生前贈與會「被棄養」？

　　人生第三個跟財富有關的課題，就是「傳富」。把財產移轉給子女，常見的方式是「生前贈與」和「死後繼承」，到底

該採取哪一種方式？稅金和人性都必須納入考量。

　　就稅金上來說，前者要繳贈與稅，後者要繳遺產稅，兩者的稅率一樣是百分之十到二十，但贈與稅每年免稅額是兩百二十萬元，如果是土地贈與，還要課徵土地增值稅；遺產稅的免稅額是一千兩百萬元，另外還有直系血親卑親屬扣除額，每人五十萬元，喪葬費扣除額一百二十三萬元，土地繼承則免課土地增值稅。算起來，繼承比贈與更有節稅效果。

　　在人性上，兩者則各有難題。

　　如果生前贈與，父母的意志可以確實執行，不過難免有父母擔心，當錢都移轉給子女之後，自己是否會淪落「被棄養」的下場？

　　至於死後繼承，如果是子女超過一人，很可能會因為分配不均而引發爭產風波，導致手足失和，相信這也不是父母所樂見的結果。另外，如果子女的收入不高，還有繳不起遺產稅的困境。

　　站在節稅和「守富」的立場，我通常會建議用死後繼承的方式來「傳富」，再搭配保險來彌補不足之處。

均分不一定公平

我有一位老闆級客戶，他跟大兒子一起成立了一家公司，經營得非常成功，之後投資二兒子的公司，績效也不錯，然後又投資了三兒子的新創科技公司，業務也上了軌道。

這位客戶跟我討論傳承，他原本的想法是將三家公司的股份均分，每個兒子各得三分之一。這樣看似公平，其實不然。我認為，三家公司的規模、市值、獲利潛力都不同，要三個兒子接受大鍋飯式的均分，將來一定會出現爭議。

我的建議是，用現金搭配公司股份，大兒子公司的市值高一點，就搭配少一點現金；三兒子的公司市值少一點，就搭配多一點現金。總之，三個兒子分到的資產（現金加股份）都一樣，至於三家公司未來的市值，就得兄弟登山，各自努力了。

不過，即使是富裕之家，也未必能留很多現金給子女，這時候，保險就是很好的工具，讓父母生前可以守富，身後也能藉著理賠傳富。

至於一般家庭，多半是留一棟房子給子女，沒有太多資產

需要分配，這種狀況就得考慮未來遺產稅的問題；或是父母沒什麼資產，但是希望身後留一筆錢給孩子，那麼，透過保險的規劃，還能發揮創富的功能。

財富與人情都圓滿

人的一生，最後追求的不外乎是圓滿。

如果及早做好保險規劃，一方面退休生活不虞匱乏，不必擔心自己成為子女的負擔，另一方面順利完成資產的傳承，子女之間也不容易為了分配不均而失和，創富、守富、傳富都能面面俱到。

財富的圓滿，加上人情的圓滿，才能成為圓滿的人生。

3 最適合50⁺的保險規劃

保險是50⁺族群打造安全財務的好工具,不過,在購買保險時,很多人共同的疑惑經常是:「市面上的保單五花八門,到底我該買哪些?」、「到底該怎麼買,對我最有保障?」

思考這個問題之前,我認為應該先考慮50⁺的族群會遇到的風險是什麼?

長壽是重大風險

在醫療科技的發達與社會的進步下,「長壽」已經成為一個重大的風險。我們常常祝福朋友「長命百歲」,但是仔細思考,如果壽命很長,但是沒有足夠的退休金維持有尊嚴的生活,或是需要照護卻沒有養護費用,「想走走不了」反而成為

最大的人生風險。

　　保險的種類有很多種，常見的保險依理賠條件，可以分為六大類：

　　一、壽險：身故、全殘，可獲得理賠。

　　二、意外險：遭受非疾病的外來突發事故，導致身體蒙受傷害，可獲得理賠。

　　三、醫療險：因疾病而有醫療行為，可獲得理賠。

　　四、癌症險：確定罹癌，可獲得理賠。

　　五、重大疾病險：罹患心肌梗塞、冠狀動脈繞道手術、腦中風、末期腎病變、癌症、癱瘓，以及重大器官移植，可獲得理賠。

　　六、失能扶助險／長期照護險：因疾病或傷害導致殘障、失能，經醫師開立診斷書（失能險）或是巴氏量表（長照險），可獲得理賠。

　　這六大類型的保險，涵蓋了50⁺族群會遇到的老、病、殘、死，全部買齊當然就能獲得最全面的保障。如果資源有限，就我的觀點，足額的壽險與長期照護險是維護老年尊嚴最

重要的關鍵保障。

失能險 vs. 長照險

高齡化社會中，失能、失智人口愈來愈多，為了不成為另一半的負擔，長照險或失能險也是必須規劃的保險之一。雖然這兩種保險都是為了長期照護而設計，但給付的認定標準並不相同。

失能險是經醫師認定符合「失能等級表」1～11級，開立診斷證明就能給付，不需要每年複檢，每屆一年仍然生存，就能獲得給付。

50⁺族群中，如果是六十五歲以下、尚未退休人士，可以優先考慮失能險，做為因疾病或意外導致工作失能所需要的收入扶助；如果是六十五歲以上、已屆退休，則可以規劃長照險做為老年失能時的保障。

長照險的給付，失能狀況必須符合巴氏量表中，「進食」、「移位」、「如廁」、「沐浴」、「平地移動」、「更衣」等六項中的三項；或是失智狀況，導致無法分辨「時間」、

「場所」、「人物」等三項中的兩項，由醫師開立巴氏量表才能辦理給付，之後還必須每年複檢。

　　除了上述的失能保險之外，不同的家庭組成，該如何針對特性，透過妥善的保險規劃，同時達到「益己」與「利他」的效果，也是 50⁺ 族群重要的課題之一。

單身、不婚的族群

　　時代的變遷下，婚姻不再是人生必然的選項。單身、不婚的 50⁺ 族群，沒有婚姻的牽絆，過著「一人飽、全家飽」的生活，進行保險規劃時，往往「益己」的比例大於「利他」，但是更要把「長壽」的風險考慮進去，免得年老時沒有可以依靠的力量。

年金型保險，穩定的被動收入來源

　　年金型保險是藉由工作時期繳付保費累積保單價值金，到退休時定期領回固定的金額做為退休之用，活多久，領多久，

讓退休生活有一個穩定的被動式收入來源。

以我母親為例，很多年前我就幫她購買年金保險，現在每個月由保險公司匯入養老金，做為她的生活費用，也做為我的孝養金。如此一來，她也會提醒自己要活得健康，因為活得愈久，領得愈久。

這樣的保單規劃，就可以將「長命百歲」變成一種最大的祝福，因為她擁有一個安定且安全的退休生活。

也有單身者想在身後留一筆錢給家人，像我們夥伴有位黃金單身族的客戶，想留一筆錢給疼愛的外甥女，於是買了高額的終身保險，以外甥女做為受益人。

此外，更有許多客戶是將「公益團體」做為受益人，讓自己在身故之後，可以回饋社會，遺愛人間，這也是一種很美的做法。

已婚、無子女的族群

無子女的頂客族，通常是雙薪、財務分開，在保險規劃

上跟單身族相當類似。除了完整的保險規劃，我更建議要注意「豁免保險」的規劃。

豁免保險，保障另一半

如果其中一方是家中的財務支柱，可以擔任另一半的要保人，並加買一張以要保人為對象的「豁免保險」，當這位要保人發生特定狀況（死亡、殘廢、嚴重燒燙傷、重大疾病），他不必再繳保費，而另一半的保障依然有效。

舉例來說，先生是家中主要收入來源，如果他採取前述規劃，加買「豁免保險」，當他生了重病，無法繼續工作以維持收入時，在難以繼續繳費的狀況下，太太的保險也不會中斷。

頂客族沒有子女，因此退休金的規劃也非常重要，前幾年很流行的還本型終身壽險，可以從特定年齡起，每年領回一定比例的生存保險金，做為退休養老之用，也符合頂客族群「益己」的原則。

更重要的是，如果其中一方先身故，身故保險金就可以給付給另一半，成為「利他」的保險規劃。

有子女的族群

　　有了下一代之後，就必須思考傳承的問題。不少人會為了節稅，透過保險，將財產傳承給子女，事實上，保險的價值不止於此。

　　首先，保險可以為父母保管財產。父母親如果生前就以贈與的方式，把錢給了孩子，可能衍生各種問題，例如：孩子提早把錢花光，或是拿了錢後棄養父母……。但是，若父母親為自己買壽險保單，受益人為子女，父母在世時還可以掌控這筆錢，萬一日後子女不肖，也可以更改受益人。

　　其次，孩子在接受這筆錢時，心裡感受也會不同。如果是遺產，他會覺得理所當然，但若是保險金，就多了一份父母為孩子著想的用心。

跨越三代傳承的壽險

　　50⁺族群買壽險時比較貴，而且健康狀況不甚良好時，保險公司還會限制保額，這時候就可以幫孩子買。像有位客戶就

是因為有糖尿病，無法幫自己買高額的壽險，就擔任要保人幫孩子買壽險，受益人是孫子，傳承跨越到第三代。

有些父母會在孩子很小時就幫他買保險，好處是孩子年紀輕，所以保費便宜，卻也可能太早繳完，父母忘記了，小孩也不知道有這筆保險。因此，買保險一定要告知孩子，如果孩子開始工作賺錢後，不妨交棒給他繳完剩下的保費，他對這筆保險就更有參與感。

特別要提醒的一點是，如果是以傳承為出發點為孩子買壽險時，保單理賠上若寫「法定受益人」，在他未結婚生子之前，受益人就是父母。為了避免之後錢又回到父母身上，一定要把受益人寫清楚。因此，如果有一名以上的子女，就可以讓孩子互為受益人。

益己型醫療險，減少下一代負擔

誰都不希望看到，因為自己年老失能，導致孩子必須辭掉工作，在家看護，或是當自己臥病在床，子女為了誰來照顧而吵成一團，因此不管如何規劃，把自己照顧好是最重要的

前提。把「益己」為主的醫療險、癌症險、重大疾病險、長照險、失能險等規劃好，讓孩子免於負擔，就是送給他們最好的禮物。

另外，孩子還小時難免調皮闖禍，甚至造成他人出事而求償，此時「個人責任險」就能派上用場。個人責任險，就是自己不小心造成他人受傷或財物損失時，可由保險公司代為理賠的一種保險。

在《民法》上，父母是未成年子女的法定代理人。當孩子不小心毀損物品、造成他人傷害，法定代理人要負連帶賠償責任，就可以透過父母的個人責任險來賠償。保險公司也有推出「家庭成員責任險」，只要家庭成員任何一人闖禍需要賠償時，都可以啟動這項保障。

同志族群

與原生家庭的關係及有無伴侶，是50⁺同志族群規劃保險必須考慮的兩個重點。

若是跟原生家庭疏遠，並且不打算留錢給家人，就可以規劃遞減型壽險，讓自己用比較便宜的保費，在特定年齡前獲得一定的保障。如果跟原生家庭維持良好關係，身後想留錢給家人，而且經濟也負擔得起，就可以考慮終身壽險。

另外，同志族群通常沒有子女，若是單身，很容易被要求扛起照顧年邁父母親的責任，這時，可以留意父母是否有足夠的意外險、醫療險，是否需要增加「住院醫療保險金」，甚至規劃終身醫療險。當父母生病或出意外住院時，上述的規劃可以降低醫療支出造成的經濟負擔。

同婚專法保障伴侶權益

同志如果有伴侶，可以在保單受益人上填寫同性伴侶。不過，當要保人跟受益人沒有血緣關係，保險公司通常會要求業務員詢問投保動機，必須詳細說明才能完成投保流程。

原本同志伴侶不能為彼此買保險，2019年5月17日起，同婚專法通過，為同性伴侶買保單不再被拒，跟異性戀夫妻擁有相同的保險權益。

4　別被兒女「啃老」

從事保險業多年，一路走來，很多客戶都變成了朋友，我也看著他們的孩子一天天長大。

理論上，當孩子踏出校園、進入社會，父母就可以卸下肩頭重擔，過起輕鬆的人生，然而，成年兒女無法經濟獨立，倚靠父母的收入度日，這樣的「啃老」例子也時有所聞。

被當提款機的媽媽

我有一位超過三十年的老客戶，是從事美容美髮業的單親媽媽，她育有一子一女，但是非常重男輕女。只要兒子開口，不論要錢、要東西，她一定竭力滿足，呵護備至。

在這種無極限的寵溺下，兒子把老媽當成了提款機，花

錢如流水，尤其是交了女朋友之後，三不五時買名牌精品當禮物送對方，刷爆的都是老媽的信用卡。他在外頭也欠了一屁股債，債主上門來討錢，也是做母親的咬牙幫他收拾殘局。

這位客戶又生氣又不忍心，也覺得這樣下去不是辦法，於是請我跟他兒子談一談。我苦口婆心，希望他能理解母親的辛勞：「你母親辛苦賺錢，你當兒子的也要為她著想，不要讓她操心……」，孩子一派不以為意：「我不會靠我媽養啦，我已經找到一份好工作了，一個月薪水十幾萬。」

他得意地描述，自己只要穿得光鮮亮麗，在夜店外頭走來走去就能賺錢。但他沒想的是，這個叫作「黑道圍事」的「好工作」，下場不是被砍，就是砍人後得去坐牢。

我這位佳蓉阿姨勸說半天，也未見成效；後來我想，我先生在商場上見多識廣，也比我有耐心，於是請他出馬跟這孩子溝通，說不定能說動他。結果，我先生事後告訴我，他們談了半天，沒有共識，最後我先生只好半開玩笑對他說：「那麼好的工作，不如也介紹給我吧！」聽得我哭笑不得。

後來是孩子的母親用每個月八萬塊，讓他放棄了那份「好

工作」。

財務的不定時炸彈

為了約束孩子，這位客戶用心良苦地幫他找了一位乖巧的太太，希望組成家庭後，可以產生責任感。沒想到媳婦有樣學樣，婚後有了孩子也不工作了，夫妻倆都伸手跟她要錢。本來只是養一個兒子，現在要養兒子一家。

我很早就幫這位客戶規劃年金型保險，要保人是她，被保人是她兒子，受益人第一順位是她。由於保費已經繳完，她每年可以領一百二十萬，用來過退休生活說綽綽有餘。如今，兒子、媳婦都沒有工作，全得靠她養，而且兩人成天無所事事，若是哪天捅出大簍子，到時候又要她來善後，就像是有顆財務上的不定時炸彈。

這位客戶在孩子小的時候，因為忙於工作，把孩子丟給保母照顧，日後便習慣用金錢做為補償，如今孩子都四十歲了，還是無法自力更生。我不只一次跟客戶談過這個問題，她也知道兒子的金錢觀念有偏差，但是，情感上還是無法拒絕他的金

錢索求。

兒子創業，媽媽買單

另外，當子女要創業時，有些父母感情用事，明知孩子不是做生意的料，仍然大方提供金援，結果把自己的養老金也賠進去。

我有位客戶，她的先生早逝，只有一個寶貝兒子，因此對兒子相當慷慨。這個兒子功課很差，卻提出去美國留學的要求，這位媽媽不知如何是好，於是要他來問我的意見。

我問那孩子：「你出國想念什麼？」他答不出來，明顯只是想藉著留學之名，到國外逍遙玩耍。

於是我建議他先工作三年，了解自己想念什麼科系之後再出國。當下他看起來認同我的意見，不過他母親後來還是按照兒子的心願，送他出國念語言學校。只是他念了三年，英語還是說得很差，而且拿不到任何一所美國大學的入學資格，只好黯然返台。

回來之後，他不想上班，因為對音樂感興趣，開了一間樂

器行，連裝潢到設備，投資了將近八百萬元，不用說，當然是跟老媽拿錢。樂器行才開一年，他覺得膩了，立刻豪爽地把店收掉，之前的投資用兩百萬就賤賣掉了。

之後他交了女朋友，小倆口開了間咖啡廳，店內裝潢由他女友設計，完全走粉紅公主風，與其說是咖啡廳，不如說是女孩的閨房。我這位熟齡阿姨走進去，總是覺得格格不入。不過我相信，好好行銷一番，說不定還是有市場。

當我想跟他們談行銷策略時，他們的反應卻很平淡，真不知道他們開店是為了賺錢，還是只為了自己開心。

結果，跟之前的樂器行一樣，咖啡廳開了一年多就收掉了，而開店所有的成本開銷，包括他們兩個人的薪水，當然也都是媽媽買單。

四十五歲，沒上過一天班

我這位客戶本來有兩幢房子，一間自住、一間出租，因為有租金收入，財務很寬裕，因此五十五歲就選擇退休。然而，為了金援兒子創業，她不得不賣掉出租的那幢房子，而自住的

這幢還需要繳房貸，資金吃緊，不得不動用二胎房貸來救急。

至於她兒子和女友，自從咖啡廳收攤後一直無所事事。兒子還把女友邀來家裡住，兩人也不做家事，全靠老媽幫他們燒飯洗衣。

如今，她兒子已經四十五歲了，沒正式上過一天的班，每天就跟女友窩在家中，成了名副其實的「啃老族」。

愛自己勝過愛孩子

每次看到這些「啃老」的實例，心裡總是百感交集。我從旁觀察，這些孩子不管怎麼揮霍，都有父母可以依靠，導致他們不知道珍惜，也沒有感恩之心，結果成了父母親一輩子的財務負擔。

乍看之下，是因為這些父母太溺愛孩子，才造成孩子「啃老」，其實不然。我認為，這些父母愛自己勝過愛孩子，太害怕孩子背棄他們，於是透過滿足孩子的物質欲望、金錢需求，希望孩子一直愛他們。

當孩子發現用情感勒索可以輕易獲得金錢時，很容易食髓

知味，這種以金錢交換愛的模式，一旦固著就很難改變，即使父母明知道不應該被予取予求，但是只要孩子一開口，還是會因為捨不得或不忍心而讓步。

要避免被孩子「啃老」，就必須很清楚地讓他們知道，成年之後必得自力更生，不能再想著依賴父母。

我給兩個孩子的十八歲成年禮，就是「停發零用錢」。孩子想賺錢，不管當家教或到超商打工，只要合法而且沒有安全問題，我都沒有意見。我相信，孩子在金錢困窘時，必須努力拚搏度過難關，才能培養出凡事靠自己的態度。

堅持不金援，讓孩子學會自立

我的二兒子進入保險業之前，也曾經跟人合作開餐廳，雖然生意還可以，但是他每天忙到三更半夜回家，睡到隔天中午才起床，生活型態不是很健康，於是他決定離開那家餐廳。

那之後他無業一段時間，有一天，我們在客廳閒聊，他感慨說：「媽媽，我身上只剩下八千元了。」

一般媽媽如果聽到孩子這麼訴苦，大概會很心疼，立刻拿

出幾萬塊給他花用,我則是平靜地回應:「那就省著點花囉!而且要趕快找個工作。」

那時候他大概二十八歲,我可以想見,對一個二十八歲的大男生來說,面對許多社交需求,身上只有八千塊,是多麼不方便。但是我不提供任何金援,他就必須謹慎使用身上僅有的財產,而且認真找工作,積極開源。

這樣做,並不是我不愛孩子,相反地,正是我愛孩子勝過於愛自己,所以即使冒著不被孩子所愛的風險,也要讓他學習獨立自主。畢竟人生這條路,終究得靠他自己去走。

過去的觀念是「養兒防老」,如今養兒未必能「防老」,反而有可能「啃老」。因此,及早訓練孩子獨立自主,為個人的財務負責,才能守住自己辛苦工作大半輩子,一點一滴積存下來的退休金。

5　用興趣開創第二職場

　　每次我去中國大陸出差時,清晨經過大街,一定都會看到路上擠滿運動的人潮,各式各樣的「廣場舞」,讓人看得眼花撩亂。

　　廣場舞的音樂五花八門,有傳統喜慶音樂、流行歌曲,甚至還有韓國女團的電子舞曲;至於跳舞的風格也很多元,這一團是徒手比畫、下一團是舞扇子,再過去一團是舞彩帶,簡直就像是個舞蹈展場。

跳廣場舞,六十八歲大媽變網紅

　　跳廣場舞的人通常都有一點年紀,而其中又以大媽居多,她們穿得萬紫千紅,神情是完全陶醉在音樂和舞蹈之中;至於

教舞的老師，多數也是大爺、大媽。其中有人跳著跳著，就成了網紅。

像有位六十八歲的廣場舞阿姨，身材胖胖的，但是跳起舞來動作靈活，節奏感十足，有人將她跳的廣場舞拍成影音，上傳到網路，立刻暴紅，網友競相模仿她的舞步，她在「抖音」有兩百五十萬的粉絲。

類似的例子，讓我想到一位教太極舞的朋友。這位朋友年近七十，本來是教縫紉的老師，一開始只是為了健身，每天早上去國父紀念館練太極舞，但由於她身材維持得很好，絲毫不顯老態，就有人想拜她為師，促成她開始授課教舞。

她每堂課單次收費一百元，人數最多時，規模可以達到五十人。我曾經上過她的課，後來因為種種原因，沒有繼續學下去。

不過，我倒是給了她一個經營事業的點子：每次現場收費很麻煩，我建議改採集章卡的方式，一千塊可以蓋十二格，等於給長期上課的學生優惠，有助於穩定客層。

四、五十歲的人在思考退休規劃時，首先必須考慮的，就

是未來退出職場後，在沒有固定薪資的狀況下，仍能維持一定程度的收入，確保生活無虞。

退休後的開源之道，除了定存、保險、基金等理財工具，還有一種方式，就是開創事業的第二春。

以專業和興趣為基礎

像我自已，就是在五十五歲那年，離開原本服務的保險公司，自立門戶，創辦了「磊山保經」，也讓收入方面持續有活水挹注。

別誤會，我並不是鼓勵熟齡創業，畢竟這個階段的我們，已經無法承受太高的創業風險，但是不妨嘗試以個人的專長或興趣做為基礎，透過教學或授課的方式，發展成可增加收入的管道。

舉例來說，運動教學就是很有潛力的市場。特別是50⁺的族群，本來就比其他年齡層更重視養生，清晨公園、廣場滿滿的運動人群，就是商機所在，只要你有點運動底子，而且能帶動氣氛，找到學生不是難事。

我有位朋友，六十五歲，開了一間有氧瑜伽教室。教室設備很簡單，只有基本的地板、鏡子、廁所，學員還得自己帶瑜伽墊，但是一堂課的人數多達六、七十，清一色都是大媽。我去上過幾次課，大概就知道她為什麼這麼受歡迎。

將人生體驗融入課程

原來，這個朋友為每個動作編了「俗擱有力」的口訣，什麼「扭一扭啊扭一扭，屁股大啊屁股大」、「當小三啊當小三，很好賺啊很好賺」，乍聽之下有點無厘頭，卻很合大媽們的胃口，大夥邊唸口訣邊扭身體，開心得不得了，即使下了課沒地方沖澡，滿身大汗，好像也不太在意。

我觀察這些大媽學員的上課情形，發現她們與其說是來鍛鍊身材，倒不如說是來一起同樂，而老師有點生活歷練，編出的口訣有趣又順口，很能抓住學員的心。所以我這個朋友單堂上課七十分鐘，收費兩百元，學生絡繹不絕，把「大媽」市場經營得有聲有色。

其實，光是瑜伽這個領域，就有很多不同的市場。比方

說，親子瑜伽，就是藉由親子間肢體的互動與接觸，促進彼此的感情，並能幫助孩子內在穩定、建立自信，在新一代家長之間頗有人氣。

建立長期穩定的顧客關係

我媳婦就曾帶著出生沒多久的孫子，去上寶寶親子瑜伽。我看他們上課的照片，每位媽媽都跟寶寶玩得很開心，最後大家還把寶寶放在瑜伽墊上，圍成一圈來拍照，真的是超級無敵可愛。

這位瑜伽老師大約六十歲，她除了教親子瑜伽，也教孕婦瑜伽。基本上，她服務的客層就是「媽媽」，所以很懂得和家長建立穩定的關係，私底下還有LINE群組，如果媽媽們對於照顧新生兒有任何疑惑，都可以在上面交流。根據我媳婦相當正面的評價，應該也是個經營有成的例子。

我舉例的這兩位老師，分別從不同的切入點，將自己的瑜伽專長發揚光大，一位專攻「大媽」市場，一位專攻「媽媽」市場，她們即使都已經屆臨退休的年齡，魅力比起年輕美眉級

的瑜伽老師卻不遑多讓，也因此可以持續開源，不必擔心坐吃山空。

　　人生，是一段漫長累積的過程。活到五十歲，或多或少累積了一些知識或智慧，如果能夠以教育推廣的方式分享出去，不但可以帶來收入，也能回饋社會。

從志工到講師

　　曾經受邀來磊山辦講座的洪禮明老師，就是一個很棒的例子。洪老師的專業背景是土木工程，他在荷蘭留學時，經常去當地的博物館、美術館欣賞藝術品，可是他發現，自己看了半天仍看不出個所以然，當時他就體會到，欣賞藝術需要花時間做功課才能有所得。

　　二〇〇八年，在他即將退休時，得知故宮博物院在徵導覽志工，便遞出申請信，從此展開他的導覽生涯。

　　他的第一場正式導覽，是「絕色名琴：奇美博物館名琴珍藏展」，沒想到聽眾的反應非常熱烈，甚至不相信他是初次導覽。這給了洪老師很大的信心，於是投入了更多心力來準備這

份工作。

二〇一一年「生日快樂～夏卡爾的愛與美」特展，洪老師將超現實主義畫家夏卡爾的生平、畫作，跟猶太人的歷史串連一起，內容非常感人，因此快速累積了粉絲，甚至有人特地組團來聽他的導覽。

當志工沒有薪水，但是因為洪老師導覽得太精采，講出了名氣，緊跟著就有企業、學校邀請他開藝文講座，廣播電台也請他擔任節目主持人，自然就有講師費、主持費的收入。當然，我相信，對於七十歲的洪老師來說，聽眾的掌聲和鼓勵，才是他樂此不疲的主要動力。

用豐富歷練分享觀點

還有一位宋聖陽老師，師大音樂系畢業，擁有美國劇場管理學碩士、加州大學洛杉磯分校（UCLA）電視新聞製作博士的高學歷，擔任美國新聞頻道CNN（有線電視新聞網）駐台記者十二年，還參與過紐約百老匯劇場的幕後製作，經歷非常精采。

宋老師也是六十多歲，因為人生經驗夠豐富，加上當過記者，很能找出獨特的角度來介紹音樂，比方說：「國歌的故事」、「老歌中的人文密碼」、「從DNA談音樂」等，主題源源不絕。磊山請他開音樂講座，一路講了好幾年，始終人氣不墜，這些講師費也是一筆收入。

溫度是最大優勢

退休之後，用興趣開創「第二春」的例子其實不勝枚舉。喜歡繪畫的人，可以教畫畫；喜歡花藝的人，可以教插花；喜歡烘焙的人，可以教烤麵包……。

但是，不論擁有哪一項興趣，你必須懷抱熱情，願意投入心力去研究、精進，漸漸地，你就會成為教育者，並擁有一批追隨的粉絲。

豐富的人生歷練，是50$^+$族群最佳的競爭條件，而且經過社會洗禮，更懂得體貼他人，這種人性的溫度，在現今AI崛起、科技導向的社會，彌足珍貴。

因此，我很鼓勵四、五十歲的人，開始耕耘自己的興趣，

然後在退休之後運用這個專長，開發「第二職場」，不只是創造收入，也能夠繼續發揮生命的價值，並持續跟外界保持互動、交流，為退休生活帶進滿滿的正面能量。

第二部

———

圓滿的人際關係

想擁有精采的後人生，

人際關係的經營是重要一環，

重建與自己、家庭、朋友的連結，

讓日子愈過愈充實，愈過愈快活。

1 和自己約會，學習獨處

每年大年初三，我都有一場特別的約會。

約會地點：中山北路；約會對象：我自己。

大年初三的散步儀式

從哪一年開始這個習慣，我已經忘記了，只記得那一年的年初三，莫名起了個大早，這一天我沒有安排任何活動，家人還在睡夢中，等他們醒來想做點什麼事，大概也都中午了。突然多出半天的空檔，我不知道該做什麼。

突然間，福至心靈，一個念頭浮現：我要找個地方散散步。至於要去哪裡散步，我想起了小時候聽過的那首台語歌〈中山北路行七擺〉。

印象中的中山北路，是非常適合散步的一條街。道路筆直整齊，又有蓊鬱綠蔭，給人十分安詳的感覺。我幾乎可以預見自己走在中山北路的身影了。行動力超強的我，很快梳洗完畢出門，沒多久，人已經置身中山北路和忠孝西路的交叉路口。

　　我從行政院起步，在林蔭中走過老爺、晶華、國賓等知名飯店，走到浪漫的婚紗街、曾經是時尚聖地的晴光市場，還有各具特色的台北戲棚、台北市立美術館、台北故事館。

　　農曆年假中的台北，沒有往日的擁擠忙碌，雖然已經早上九點多，街上幾乎看不到幾個行人，空氣還有些微涼，走起來非常舒服。我不急著趕路，一個人走走停停，邊看邊逛，累了就找個地方喝杯咖啡，非常愜意。

　　因為初次經驗太愉快了，第二年我又走了一趟，然後第三年、第四年……，年初三到中山北路散步，逐漸變成我的年度儀式，不知不覺超過了二十年。

　　就這樣一年年走下來，我在這條路上，累積了不少難忘的點點滴滴。

　　記得有一次，我走到台北故事館。這幢位於基隆河畔的洋

樓建築,屋頂鋪著銅瓦,在陽光下閃閃發光,據說選擇銅做為屋瓦的材質,是為了讓基隆河上的船隻容易辨識方向。

一路上人車稀少,我以為台北故事館裡應該也會非常冷清,沒想到當我走到附近時才發現,門前的庭院裡已經擠滿等待開館的遊客。他們笑聲不斷,到處拍照留念,連我也感受到他們的快樂。

原本以為是安靜的風景,其實藏著歡樂的人群,這件事給了我很大的啟發:觀看的角度不同,所看到的風景也就不同。

原來「角度」的影響這麼大,人際之間的衝突也好,人生的困境也好,會不會隨著我們轉換角度,帶來不同的觀點呢?

在逸仙公園為自己打氣

透過每年一度的行腳儀式,我發現了位於台北車站旁的逸仙公園。很多台北人未必知道這個地方,我也是在台北住了四、五十年後,才初次拜訪。

逸仙公園位於中山北路和市民大道之間,園內有一座歷史建物「梅屋敷」,是國父孫中山先生第二次來台時投宿的旅

館，如今設為「國父史蹟紀念館」。

　　紀念館是座典雅的日式木造建築，四周植有矮梅樹，園內闢有水池，點綴著小亭、小橋、假山，氣氛清幽，在喧囂的鬧區中，宛如一方淨土。每年我去中山北路散步，一定會去逸仙公園看看梅花開了沒，感受一下歷史氛圍。這幾年，我開始在中國大陸創業，逸仙公園對我來說，意義更加不同。

　　孫中山先生投宿梅屋敷的時代，是民國二年，因為二次革命失敗，他離開上海，原本是要前往廣州商謀討伐袁世凱的獨裁，當他行經福建馬尾時，得知廣州局勢突變，便渡海轉來台灣。停留數日後，他從基隆港啟程，搭船到日本，籌組中華革命黨，繼續從事討袁的革命運動。他在台灣留下的足跡，代表的就是「再啟動」。

　　二〇一〇年，我離開服務二十年的老東家，創辦「磊山保險經紀人公司」，二〇一六年起，隨著公司規模擴大，我開始布局中國市場，對我來說，也是一種「再啟動」。我看著逸仙公園的一景一木，遙想百年前孫中山先生必須再創新局時，他所抱持的堅持與勇氣，內心就會受到很大的鼓舞。

因此，每年的中山北路散步，逸仙公園是很重要的一站。在這裡，我為自己加油打氣，期許新的一年，自己可以勇敢面對挑戰，並相信一切會愈來愈好。

一個人的世界可以很豐富

我很喜歡一個人散步，除了在台北經常四處走走，到日本旅行、去中國出差，也會找個地方散散步。

比方說，到北京，我一定上煤山，站在那裡俯瞰整個紫禁城，目睹有形的宏偉宮殿，以及數百年傳承下來的無形精神，內心有說不出的激動與感動。

散步帶給我很多收穫，既可以沉澱思緒，找出生命前進的動力，也可以深入探索城市的各種風景，還有一點很重要，就是練習獨處。

邁入五十歲之後，或許是離開職場，開始過退休生活；或許是子女長大成人，必須適應「空巢」，大部分人和自己相處的時間愈來愈多。如果及早練習獨處，然後懂得獨處，甚至享受獨處，就不會依賴他人來獲得快樂。特別是在親密關係中，

為彼此留有空間，反而更能維繫感情。

　　我認識一對夫妻，兩人年輕時感情很好，不論參加任何活動總是同進同出，形影不離。退休後，兩個人在一起的時間更多了，幾乎全天黏在一起，不過他們的關係反而變得緊張，甚至開始冷戰。

　　我跟先生的感情維持得不錯，和我們的相處方式大有關係。我們會給彼此空間，像他日常的休閒活動就是看電視，可以一個人看得很開心，不會要求我陪著一起看，週五的晚上，他固定跟他的哥兒們聚會，我也開開心心地自己跑去享受按摩；然後週日的家庭日，我們一定聚在一起，共享天倫之樂。

　　熟年的人際關係，就是要彼此自在、沒有負擔。有家人、朋友做伴時，我很享受，但是當我必須一個人時，也能自得其樂，因為我能夠獨處。

　　一個人散步，以沿路風景相伴，是練習獨處很好的方式。選一條喜歡的街，自己慢慢走、反覆走，你會發現，一個人的世界其實也可以很豐富。

2 用固定儀式
凝聚家人情感

　　星期天，風和日麗的華山文創園區裏，父母追著蹦蹦跳跳的孩子，三五年輕人歡聲招呼，情侶牽手甜蜜同行，熱鬧的人群中，也有我們一家人。

　　我和先生、兒子、媳婦，外加兩個孫子，從六十多歲到一歲，大大小小八個人，一起來看恐龍展。展覽中有大恐龍化石、趣味的恐龍研究，老少咸宜。輕輕鬆鬆看完，我們又去家人都喜歡的Alleycat's餐廳吃 Pizza，隨意閒聊。

　　這是我們的家庭日，有時候大家一起外出活動，有時候單純在家裡吃飯、聊天，無論什麼形式，每個週日，通常從早上十一點半到下午五點，我要求全家人聚在一起。

　　家庭日的出現，可以回溯到十幾年前。當年，孩子長大

後，有自己的交友圈和活動，經常不在家，我和先生也忙於工作，如果任憑自然發展，可能一家人很快就失去交集。這樣豈不是很遺憾？為了聯繫情感，我開始要求大家，每個週日這段時間統統排開行程，回家吃飯。

某一段時間，家庭日變身為週五晚上的電影約會。

當時，大兒子有了真心交往的女朋友，當然也希望對方能融入他的家庭。考慮到年輕女生跟我們一家人吃飯會有壓力，於是我們把家庭日的主節目改成看電影。電影開演前，大家一起吃個快速簡餐，不必擔心席間話題不足，氣氛尷尬；電影散場後，大家一起去取車，邊散步邊聊電影情節，原本就短的路程，感覺更是熱鬧緊湊。

週五的電影約會一直持續著，直到兩個兒子都有下一代了，才又轉換形式。

溝通的最好時機

家庭日是我家的重要儀式，無故缺席形同觸犯天條。因為有家庭日，即使我們一家平時各自忙碌，一個星期至少會有半

天時間相聚。這五個半小時內，規定不能滑手機，平時愛看電視的先生也會配合關電視，大家天南地北地分享想法和趣事。

很多家族相關的事務，我們也會利用家庭日討論。像二〇一九年的家族旅行，先生無論如何都要去拉斯維加斯，大兒子卻另有想法，平時沒時間碰面，家庭日就成了溝通、協調，取得共識的最好時機。

最近一次的家庭日，二兒子拿出在天津拍的形象照，聊著聊著，話題變成將來的家族旅行可以到天津，一起體驗拍形象照的趣味。

儀式必須堅持，才不會半途而廢。在我家，還有一個重要的儀式就是擁抱。從兩個孩子還小時，我就經常擁抱他們，即使他們進入青春期時一度抗拒，但我還是堅持。如今，我們家庭日開始和結束時，大家必定貼臉相擁。孫子耳濡目染，看到我就自然而然伸長手臂說：「阿嬤，抱抱。」

山腳下的杏仁茶

我非常重視儀式，跟自己的成長經歷大有關係。

小時候，每逢寒暑假，父親一定把我送到彰化的祖父家，然後他回台北，我就跟著祖父、祖母一起作息。在台北，我可以睡到日上三竿，但是在彰化，每天早上四點，祖父就會搖醒我，祖孫倆一起去爬八卦山。

　　睡眼惺忪的我，跟著祖父走在天色未明的山路上。當時，心裡總覺得這條路很長，其實大概三十分鐘就到了山頂，這時，天亮了，祖父跟幾位山友打拳，我就在一旁無聊地玩沙。但是下山後，祖父一定帶我去喝杏仁茶，還把油條分給我吃。香脆的油條沾著熱騰騰的杏仁茶，一下肚，溫暖的感覺從胃發散到全身，原本的起床氣立刻一掃而空。

　　祖父是中醫師，同時也是書法家，家裡有一張大長桌，桌上長年備著筆墨、攤開的宣紙。下山回到家，趁著開診前的空檔，祖父總會在這裡揮毫寫字，我就在他對面跟著塗塗寫寫，有時父親也會加入，三代人一起練字。

　　父親很在乎我寫字的姿態，每當我愈寫身體愈前傾，父親就提醒我，寫字時背要打直，「這樣寫字才像個董事長。」直到現在，我真的成為董事長了，仍然記得父親的話，寫字必然

挺直背脊。

我長住台北，跟祖父相處的時間只有寒暑假，但是因為這些日復一日的儀式，每當我想起祖父，晨起爬山、喝杏仁茶、練毛筆字的記憶，就會自然湧現，鮮明一如昨日。

至於我在台北的外公家，從年頭到年尾，也是充滿了各種的固定儀式。比方說，除夕夜一定要圍爐，中秋節一定要放煙火，初一、十五一定要拜拜，並準備大鍋肉粥在門口發送，所以我只要看到肉粥，就知道今天是拜拜的日子，而且要趕快去幫忙。

不論是祖父家或外公家，因為有了這些大大小小的儀式，留給我很多難忘的體驗，即使他們過世多年，我還是非常懷念他們。

有必須見面的理由

我父親也是個非常重視儀式的人。童年時，他會要求我每星期寫信給祖父；他一定會幫孩子過生日，然後讓我們穿得漂漂亮亮地跟蛋糕拍照。有一年我過生日，不知道在鬧什麼脾

氣，硬是不肯聽話拍照，甚至躲到桌子底下，父親很失望，從此就放棄了。現在想想，當時的我真是太不懂事，辜負了父親的用心。

受到父親的影響，我弟弟也很重視生日。記得他二十歲生日前，早早地就在家裡貼滿標語，提醒大家不要忘了這個日子，真是讓人哭笑不得。後來我們如他所願，幫他辦了二十歲的「弱冠之禮」，那時候家裡的經濟狀況已經走下坡，他的「冠」是用報紙摺成的，不過他還是非常開心。

雖然我自己並不愛過生日，但是很愛為別人慶生。兩個兒子從小到大，每年他們生日這天，全家一定聚在一起，圍著蛋糕唱歌、吹蠟燭，相信對他們來說，這是成長過程中很溫暖的記憶。

儀式，就是在固定的時間做固定的事，這也讓平時不來往的人，有了見面互動的機會。

我父親生前堅持，身後要葬在老家彰化，因此，每年清明節我一定得回去掃墓，自然而然遇見許多堂哥、堂姊，然後閒話近況。如果不是為了掃墓，我們平時很難有機會碰面，時間

一久就生疏了，是儀式給了我們必須見面的理由。

再忙也不能缺席

因為有這些深刻的體會，我相信，固定儀式能創造共同的記憶，在無形中維繫家人的情感。不過，要維持儀式其實不容易，只要有人開始找理由缺席，就像是「破窗」，次數多了，再有意義的儀式也可能不了了之。

多年堅持下來，我們家人都很重視家庭日，即使出國，也會盡量趕在星期天之前回來，就算無法全程相伴，也會想辦法參與其中一段。

有一次，我們團隊即將到國外表演舞蹈，不得不在星期日練舞，而且一練還是一整天，當然就卡到了家庭日的時間。

對團隊，我有責任，但是家人相聚我也非常珍惜，於是我想出一個兩全的方法：在練舞室附近仔細尋找一家先生可能會喜歡的餐廳，家庭日時間開始時，我還在練舞，就請先生和孩子先去點菜，先生一看到是他喜愛的菜色，眉開眼笑，孩子們調侃他：「終於遇到一家你愛的餐廳了。」有了這一個笑臉、

一句俏皮話，氣氛就點燃了。

　　大概十二點，我結束練舞，即刻趕到餐廳。一個小時的吃飯、聊天之後，我帶他們到練舞室，看看我們練舞的情形，讓他們更能體會我的工作。然後，先生帶著孩子去公園散步，也就到了解散時間。

　　這次家庭日，我只有一個小時和他們在一起，但是我按照先生的口味安排好餐廳，又帶他們去練舞室，了解我們練舞的狀況，透過這些細節，家人都可以感受到，即使我無法全程參與，但是為這段相聚的時間付出不少心力。

展現愛的最佳時機

　　對外人客氣有禮，對親近的人反而漫不經心，這種毛病其實是親密關係的殺手。夫妻也好，親子也好，都需要用心去經營關係，而儀式就是展現我們重視對方的最好機會。

　　我仍記得，那段和先生、孩子固定電影約會的時光。一家人坐在燈光暗下來的戲院裡，盒裝爆米花在彼此手上傳來傳去，傳到我的手上時，兒子總會很貼心地直接接過去，因為他

知道我在減重，不吃甜食。即使只是一個小動作，都在傳遞家人間無聲的愛。

在一些分享活動中，常有人問：如果明天就是世界末日，此刻，你最想做什麼事？最近也有朋友問我這個問題。我相信每個人的回答不同，但是我的答案很簡單，如果這一天真的來臨，我最想做的便是和所愛的家人相聚，一起好好吃頓飯，再享受一次這人世間最可愛的親情。

3　找出共通點
　　夫妻牽手不牽絆

　　我喜歡吃水果，特別是土芒果，不過，青土芒果通常用來做蜜餞，要待變黃了才好直接吃。有一次，先生要到國外出差，行前特別買回來一堆土芒果，擺在廚房流理台旁，並且叮嚀我，變黃了才能吃。

　　我每次進廚房，看到還青澀的芒果就忍不住摸一下，嘆息怎麼還不能吃。

　　這樣連續三天之後，媳婦不好意思地告訴我，其實我先生已經切好一大盒熟黃的土芒果，放在冰箱，讓我大飽口福，但是得等我饞三天後才能揭曉。

　　她無奈地表示，公公每天在LINE上問，「上當了沒？」

　　這樣的小捉弄，實在好氣又好笑，但是我仍然深刻感受到

先生的關心，立刻把它吃光光，並請媳婦拍照傳給我先生，回饋我滿滿的感動與感謝。

我和先生是大學同學，相識至今超過四十年。但是每當說起我們之間的互動，年輕朋友都會哈哈大笑，甚至覺得不可思議，老夫老妻之間怎麼還能這麼逗趣？

互相體諒，才能長久

人與人之間，凡是有血緣，自然而然就會產生親密感。但是夫妻沒有血緣，卻有著人際之間最強大的親密關係，可想而知，雙方必須多麼用心去互相理解、體諒，並且珍惜，才能走得長久。

不過，我和先生的相處也不是一開始就這麼合拍，會有這樣的體認，跟我們某次爭吵有關。

那一年，先生公司的同事要幫他辦慶生派對，他的祕書聯繫我，希望我出席，於是我把日期和時間記下來。沒想到，當天晚上先生告訴我，他下週某一天要跟國外客戶吃飯，也就是生日派對的時間。

我直覺他不希望我出席生日派對。兩個人吵開了，我甚至打電話跟他的祕書對質，把場面弄得很尷尬。

後來我仔細思索，他不願意我出席派對，很可能的原因是，他在事業上一路走來的跌跌撞撞，我完全清楚，如果我在現場，勢必會帶給他壓力，正如某些場合，如果他在場，我為了照顧他的情緒，也會有壓力。夫妻雖是命運共同體，也要給彼此空間。

想通這一點之後，我從此豁然開朗，很快調整了彼此的互動方式。

婚姻的臨界點

前幾年，日本出現了「卒婚」的新名詞，不是離婚，而是從婚姻中畢業，這個名詞應該說出不少熟年夫妻的心聲。

漫長的婚姻路上，必然累積很多不足為外人道的摩擦，年輕時為了孩子會努力維繫家庭，然而隨著孩子長大外出，防火牆沒有了，婚姻就可能出現危機。

有個夜晚，一位五十多歲的女性友人打電話給我。她對先

生有諸多牢騷，足足抱怨了半個小時。

他們是一對留美的高學歷夫妻，人前很風光登對，但是先生是個大男人主義者，而且規矩特別多。

比方說，先生平時只吃她做的飯菜，如果她要到外地出差，就得提前做好，分盒裝放，而且飯跟菜得分開，因為先生不喜歡米粒上沾有菜汁。

除此之外，先生也排斥請人幫忙家務，家裡的清潔工作都要太太做，直到太太不堪負荷要求分工，先生才擔起部分責任：家中兩個衛浴，臥室裡的仍然由太太打掃，客廳附近的那一個，交給先生負責。

這次的導火線是，太太出國回來，發現家裡亂成一團，一進門就聞到客廳旁廁所的味道。她質問先生，先生還一副不關事己地回答：「如果妳受不了，就自己去打掃吧！」

結果，她放下行李的第一件事，就是捲起袖子掃廁所，氣得必須打電話找人發洩情緒。

我相信我這位朋友一定很愛她先生，才會願意伺候他近四十年，然而過程中應該也隱忍了不少情緒。如果哪一天來到

容忍的臨界點，說不定對於婚姻就會產生不同的想法。

製造「被需要」的機會

另外，親密關係的發展與維持，「被需要」是很關鍵的條件，很多熟齡夫妻通常各忙各的，時間久了，當其中一方覺得自己不再被需要，關係也會逐漸疏遠。

我有一位女性友人，曾經留學法國，不論外表、氣質、品味都相當出眾，她的先生也是名門子弟，兩人門當戶對，十分匹配。令人惋惜的是，最後還是以離婚收場。

明明是郎才女貌的一對，為何會漸行漸遠？根據我的觀察，這位女性友人眼光很高，不管先生為她做什麼，都很難討好，先生覺得自己不被需要，逐漸失去維持關係的動力。

我和先生忙於各自的事業，不見得天天見得到面，所以我會刻意請他幫忙做事，讓他有機會「被需要」。每次他的反應都是很開心。

有一天，我們有點爭執，他生了我的氣，正好隔天我要去桃園復興鄉看場地，於是我以路程太遠，自己開車會睡著為

由，向他求助，他就擺出一副「真拿妳沒辦法」的表情。

第二天早上，我出門就看到一輛賓士車在等我，甚至還配了司機。上車沒多久，先生就打電話來確認狀況，我連聲感謝他的安排。他非常得意，氣也消了。

行銷自己的優勢

外遇是婚姻的殺手，我也有一些熟齡朋友遇到這種變故，而且多是丈夫發生外遇。

有個朋友，她先生是高階主管，跟祕書有了婚外情。朋友是家庭主婦，生活都以先生為重心，先生外遇後她頗受打擊，整天失魂落魄。

我們幾個朋友看不下去，就協助她展開「搶救婚姻大作戰」。首先是改頭換面，帶她去設計髮型、買新衣服；然後把家裡整理得更舒適溫馨，連燈光都調整得非常柔和；最後，善用婚姻多年的優勢，比方說，她知道先生喜歡喝湯，就煲一鍋好湯，讓先生下班後享用，說話時也盡量和顏悅色。

一開始，朋友有點遲疑，認為我們給她的建議太刻意，不

過她嘗試配合演出後，先生真的回心轉意，證明這些策略發揮了一定的效果。

　　有些人的觀念是，「贏得對方的心」這件事應該自然發生，如果刻意去做就不真誠。然而，我是個行銷人，覺得行銷技巧應該運用在人際關係上。刻意經營並不是虛情假意，而是因為你真的在乎對方，願意站在他的立場思考，了解他的需求，然後用自己的優勢去贏得對方的心。

　　當然，這麼做不一定百分之百能挽回婚姻，但是不這麼做，每天吵架、哭哭啼啼，或是冷戰，最後必然把另一半推得更遠。

　　我認識另一對夫妻，先生另結新歡，從此不回家，太太每天關在家裡自怨自艾。我去探望她時，屋子裡放著佛樂，她一臉無精打采，手裡拿著小刷子來回清理先生的茶壺（她先生有養壺的嗜好），反反覆覆問我：「佳蓉，妳覺得他會回來嗎？」

　　我曾經勸她做些改變：「妳先生如果回家，妳認為他會願意留下來嗎？」但是她聽不進去，我去她家三次，每次都是黯淡的場景、低落的情緒，滿滿的負面能量，後來我就放棄幫她

了。因為只要她不改變，不去「行銷」自己的優勢，先生幾乎不可能回心轉意。

用共同習慣維繫感情

三月二十一日，是我和先生的結婚紀念日。每年到了三月初，先生都會跟我約時間，一開始我還會問他原因，他會很得意地說：「去喝運鈍根湯，不喝就等明年喔！」

運鈍根湯是一種藥酒湯，味道十分濃郁，我非常喜歡，先生卻很不愛，但是他一年願意陪我喝一次運鈍根湯，這是我們夫妻間很重要的年度儀式。

夫妻是一種很獨特的關係，親密的時候，比有血緣的人更貼近，一旦不再親密，又比任何一種關係還疏遠。

熟年夫妻要維持親密感，必須找出共通點。有相同的興趣、嗜好，當然再好不過，然而我跟先生沒有相同的興趣，全靠共同的習慣來維繫，每星期的家庭日就是我們很重要的「共同習慣」，即使週間我們不見得能碰面，但是週日一定跟兒子、媳婦、孫子齊聚一堂。

除了固定的儀式、習慣，日常生活中，也能透過貼心小事增加情感溫度。

舉例來說，我只要看到先生的浴巾、浴帽舊了，就會主動為他換新，讓他使用得舒服，心情也煥發。我先生則是用我愛吃的水果，出其不意地表達關心。他每個星期天上市場時，都會特別挑一種我愛吃的水果，放在冰箱底層，等我自己發現。如果我沒看到，隔天他還會留字條提醒我。

即使沒有子女做為牽絆，靠著共同習慣、儀式，以及生活中的點點滴滴，熟年夫妻還是可以為親密感保溫，讓另一半成為真正的「老伴」。

4 給孩子想回家的理由

　　有位在銀行工作的親戚，把兒子栽培得很出色，本以為自己退休後可以靠兒子安養晚年。有一次遇到他，想起很久沒看到他兒子了，就問起對方的近況。

　　沒想到他卻皺起眉頭，嘆了口氣：「其實，我也好幾年沒見到他了。」

　　追問之下才知道，幾年前，父子因為細故發生衝突，兒子拂袖而去，從此失聯，連過年也不回來。

　　我問他打算怎麼處理這件事，他兩手一攤：「我也不知道該怎麼辦？」對他來說，這個兒子等於丟掉了。

　　子女離巢，各組家庭，是為人父母必經之路。然而，若是子女從此漸行漸遠，甚至變成陌生人，就很令人感傷了。

孩子跟自己疏遠，大多數父母都會難以接受，他們沒想到的是，人與人的關係都必須經營，即使是血脈相連的親子，也不例外。

不討錢，不討拍

我有兩個兒子，大兒子結婚搬出去後，因為家裡還有個小兒子，所以不覺得有什麼變化。直到小兒子也成家獨立了，家裡突然變得空蕩蕩的，只有我和先生大眼瞪小眼，這才感到有些失落。

所幸這樣的空巢期沒有持續太久，一方面是我還在職場上，而且兩個兒子都是我的同事，因為工作，仍然有很多互動的機會；另一方面，就是我設置了家庭日的機制，每個星期天他們都必須帶著媳婦、孫子回來，因此，我們現在雖然是三個家庭，還是很緊密地聯繫在一起。

家庭日就是給孩子必須回來的理由。常有父母跟我抱怨孩子不願意回家，根據我的觀察，通常有幾個原因：其一，就是父母對孩子有所企求，可能是討錢，也可能是討拍，讓孩子感

受到很大的壓力；其二，就是缺乏讓孩子想回去的理由。

如果是第一種狀況，父母親必須調整心態，把養育子女當作人生的義務，而非投資，不要想從孩子身上獲得回報，他才不會視回家為畏途。

至於第二種狀況，孩子不是不願意回家，就是少了強烈的動機，因此這週回去也行，下週回去也行，一週拖過一週。這時候父母就要刻意找個理由，比方說，學了新菜需要有人給意見，或是想買手機需要建議，讓孩子把「回家」這件事排入當週的待辦事項中。

很多人都有「貴遠鄙近」的毛病，對不熟的人很恭敬，對親近的人卻輕慢，特別是子女有父母的愛當靠山，更容易不把承諾放在心上，明明說好要回去，臨時有事就取消了，因此父母更需要用策略來達成目標。

盡早跨出和解的第一步

孩子跟父母疏遠的另一個原因，就是發生衝突後沒有盡早化解。

我跟兩個兒子都是同事，互動機會多，難免衝突，而且人愈是親近，爭執起來愈不客氣。不過每天晚上，我都會給自己一段自省的時間，如果白天跟兒子發生衝突，而我認為自己有錯，就會發簡訊向他道歉，通常兒子也會給我正面的回應。

　　大兒子是個非常敏感的人，有一陣子，他跟我開會時，經常講到一半就丟下一句話：「既然妳不相信我，我就不講了。」然後，奪門而出。

　　後來，我們針對這件事坐下來懇談，原來我在聽他講話時，臉會不自覺地垮下來，兒子卻解讀成我懷疑他所講的內容，因而感到不太舒服。我跟他解釋，當我在思考時，表情會比較嚴肅，絕對不是在懷疑他。

　　溝通之後，我們再開會時，我就會注意自己的表情，而他即使看到我垮著臉，也會耐著性子把話講完。

　　有衝突或不愉快，一定要盡早處理，時間拖得愈長，愈難跨出和解的第一步。我那位親戚沒有及早跟兒子修補裂痕，一拖好幾年，如今要挽回父子關係，難度變得很高。

　　當子女之間有衝突時，父母也應該主動介入處理，否則手

足感情惡化，也會影響整個家的凝聚力。

　　某一次家庭日，二兒子帶回兩盒朋友店裡做的馬卡龍，想聽聽哥哥的品嘗意見。平時，我規定家庭日不准滑手機，那天因為大兒子要找資料，所以破例，他的注意力全在手機螢幕上，弟弟給他的馬卡龍就隨手放在一邊，看都沒看一眼。二兒子覺得受傷，就不和哥哥講話了。

　　這一幕，我在現場全看到了。當晚，我立刻寫簡訊給大兒子，發現他完全沒意識到這件事。我告訴他，弟弟滿心期待他的回應，他不應該是這種態度，我要他跟弟弟道歉。下一次家庭日時，我就做球給大兒子，讓他對那個馬卡龍誇獎幾句，那次不快也就煙消雲散了。

　　親人衝突的導火線經常都是小事，但是爆發了就要趕緊滅火，否則心結可能愈來愈深，最後成為整個家的不定時炸彈。

婆媳關係好，大家都開心

　　隨著孩子自組家庭，新的家庭關係就是跟他們的另一半相處。我的兩個孩子都是男生，也都娶了太太，我自然得學習如

何當一個婆婆。

有一次，我和一位久違的朋友見面，她開口就說要請教我婆媳相處之道，然後對媳婦數落個不停，整整半小時，沒有一句好話。

我忍不住問她：「在妳眼中，妳媳婦就沒半點優點？」

她回我：「沒有。」

我再問：「那妳兒子為什麼會娶她？」

她兩手一攤：「他就被騙啊！」

從她的回應不難理解，她們的婆媳關係不好，因為是她自己把媳婦往外推。

有些父母太愛自己的兒子，兒子娶了媳婦，便覺得自己被取代了，因此看對方處處不順眼。其實，換個角度來看，媳婦是兒子選擇的人生伴侶，妳跟她打好關係，只會讓兒子感激妳，母子關係更好。

想通了這一點就會知道，公婆對媳婦好，大家都開心，才是最聰明的做法。

在家族成員中，媳婦算是「親密的陌生人」，彼此並無血

緣，過去也沒有共同的生命歷程，是因為婚姻而不得不在一起，所以更需要用心經營彼此的關係。

兩位媳婦的原生家庭背景不同，個性、金錢觀都不一樣，然而我一視同仁。只要是媳婦送的東西，我一定會在她們面前穿戴使用，讓她們知道，我很在乎她們的心意。

善用讚美，也是讓婆媳感情加溫的技巧。

我通常會請媳婦幫我做點小事，然後藉機會肯定她們。兩個媳婦個性不同，稱讚的方式也要因人而異，直接對大媳婦表示感謝，她就會非常開心；至於二媳婦，透過二兒子轉達，比當面誇獎她，效果更好。

總之，婆媳關係好，母子的關係才會好，家庭圓滿了，才能完成傳承使命，讓這一生了無遺憾。

經營自己最重要

我們期望兩代之間情感親密，除了經營親子關係，我覺得最重要的，還是經營自己。如果50⁺的我們能獨立自處、享受生活，不倚賴孩子來獲得快樂，孩子和我們相處就沒有壓力；

如果我們擁有成熟的精神內涵，孩子就會主動親近你，尋求你的鼓勵和智慧。

我的母親堅韌樂觀，影響我很深，不過她忙於自己的生活，我想見她得預約時間，而且她不保證履約。這也是我的人生目標，擁有豐富的生活與獨立的自我，當孩子來找我（當然，他也得預約），我們開心相聚，當孩子投入他的事業，我也享受自己的世界。

這樣的道理，我相信，適用於所有關係。

5 讓父母自在喜樂
才是真孝道

現代人平均壽命延長，上有高堂的熟齡族群為數不少，像我六十幾歲，母親八十幾歲，仍然活力充沛。

我有個朋友也是類似的狀況，她的先生已經過世，孩子自組家庭，於是跟母親住在一起。

我去過她家，一進門，就覺得有種難以形容的暮氣。

屋子裡光線昏暗，卻沒開燈。環顧四周，可能平時少有訪客，有些凌亂。女主人和她母親都有點無精打采。聊起平日做什麼，經常得到的回答就是，窩在客廳看電視，有時候嫌做飯太麻煩，索性叫外賣打發一餐。

這個朋友也有孫子，但是兒女不太願意回家，所以見孫子的機會也少，讓她頗感遺憾。

然而，坐在那個幽暗的客廳裡，我瞬間理解她兒女的心情，這個家缺乏朝氣，也沒什麼空間讓小孩活動，回家只能一起看電視，意願當然不高。

打造有朝氣的家

　　相形之下，另一個朋友的家，氣氛完全不同。這個朋友是位女企業家，先生在中國大陸工作，家裡就是她和婆婆以及六名孩子同住。

　　同樣是家中住著高齡長輩，這位女企業家的屋子裡窗明几淨，整潔有序。我上門拜訪，孩子立刻端茶招待，看得出平日一定頗有教導。那天我跟主人一家吃飯，還開了紅酒，用的是極講究的紅酒杯，女主人的婆婆也跟我們一起品酒。

　　由於女主人對居家環境以及規矩、禮儀的重視，整個家顯得很有生氣。家的氛圍會影響人的身心狀態，如果家中老是暮氣沉沉，長輩會衰老得快，年輕一輩也不想回家。試想：如果不能兒孫圍繞，又如何承歡膝下呢？

　　因此，跟父母同住的熟齡族群，要盡量讓家裡維持朝氣，

避免看電視打發時間，最好排定行程，帶著父母按表操課。長輩保持活力，擁有元氣，家中氛圍才會正向循環。

選擇的難題

隨著父母年事漸高，健康開始出狀況，甚至失智、失能，長期照護成了熟齡族群肩上不小的負擔，而且很容易陷入選擇的難題：該自己照顧？請看護？還是將父母送到安養中心？

有位親戚，大概五十五歲，父母親都中風了。他本來就打算退休，加上兄弟願意支付他看護父母的薪水，因此他選擇退出職場，再請一名全職看護，兩個人把長輩照顧得非常好，健康狀況還因此改善。

不過，選擇自己照護，我也看過不太好的例子。我有個夥伴，父親已過世，但是祖父母、外祖父母仍健在，之前是母親在照顧，後來母親罹患憂鬱症，就由他扛起責任。但是照顧對象多達五個人，家事、公事無法兼顧，於是他遞出了辭呈。

我建議他：是否將長輩送到養護機構，或是請看護？最後，他選擇回去照顧家人。過了幾個月，我想請他回來上班，

但是見面時，發現他已經徹底跟職場脫節，身心完全處於居家狀態，也就打消了念頭。

　　這位夥伴已經五十歲了，日後想重返職場大概很困難。我不知道他當時的考量是什麼，或許是送養護中心、請看護的花費太高，也可能是有「孝順」的壓力……。

住在一起才是孝順？

　　東方人很重視孝道，卻也容易陷入單一價值的思考，認為子女要親侍父母才算盡孝。我的想法卻不同。

　　我有一對夫妻檔朋友，兩人都是公務員，他們非常孝順，每天必定回家陪兩老吃晚飯。父親過世後，母親快速老化，而且出現失智症狀，一出門就走丟。為了掌握母親的動態，他們幫她配了手環，但是母親很不喜歡，一有機會就摘下來，讓子女非常頭疼。

　　他們覺得這樣下去不是辦法，便將母親送往安養中心，夫妻倆每天下班吃過晚餐後，就到安養中心陪伴母親，一直到母親過世為止。

自從把母親送安養中心之後，其他兄弟對這對夫妻頗多指責，認為他們不孝。然而我一直都很支持他們，因為朋友母親住進安養中心後我曾經去探望，那裡不僅環境好，有運動空間，加上專人照顧，她住得很舒服，比起住在家裡，反而更平安且開心。

　　孝道的最終目的，是彼此都自在、喜樂，父母能安享晚年，兒女也能維持正常生活。如果流於「住在一起」的形式，反而可能成為一把無形的鎖，把雙方都困住。

　　當然，如果老人家對於住安養中心有偏見，就必須用心溝通，先帶他們去參觀，甚至住上幾天體驗，說不定慢慢就能改觀。但即使送父母去安養中心，也要經常去探望，不要讓他們有被遺棄的感覺。

　　最近，我也在幫母親物色安養中心。不過，我的原因比較特別，不是我無法照顧她，而是她不願意住我家。

　　母親雖是聾啞人士，生活上卻非常獨立自主，自己一個人去當志工、出國自助旅遊，活動力不輸年輕人。

　　她自己一個人住，住處沒電梯。考慮她畢竟有了年紀，

如果爬樓梯時一個不小心跌倒，後果難以收拾，我和弟弟、妹妹討論後，決定幫她找類似養生村之類的機構，一房一廳的環境，她可以自由進出，而且有專人提供醫療服務，她住得舒服，我們幾個兒女也放心。

每天傳長輩圖請安

雖然不住在一起，我們母女的感情還是很親密。母親是個跟得上時代的老人家，時下流行的社群軟體她都會使用，所以我每天早上都會傳「長輩圖」跟她請安。

一週之中，我們至少見面兩次，週三晚間我們固定一起吃飯，週日的家庭日她也會參加。有時候她跟朋友有活動，要取消週三的晚餐約會，我還會半撒嬌抱怨：「妳的朋友比我還重要。」母親會跟我道歉，但是我知道，看到我這麼在乎，她其實很高興。

孝順長輩，不是要把他們供起來，而是要哄他們開心。不論孩子年紀多大，在父母眼中，孩子永遠是孩子，因此，偶爾要耍幼稚，請他們幫忙做點小事，他們會很開心。有一次，

我故意裝出牛奶瓶很難打開，請母親幫我忙，她一邊開一邊搖頭，但是臉上滿是愉悅的表情。

萬物有時，為了把握為人子女的時光，我跟幾個手足決定，從二〇一九年起，每年都要安排一次家族旅行，成員就是母親、我，以及弟弟、妹妹們，為此生的親子緣分留下美好的記憶。

親子緣分是人生最深的牽絆，不論是否住在一起，只要雙方都能自在、喜樂，就是讓父母享受晚年的最好方式。

6 結交幾個相挺的
心靈夥伴

　　從年輕到老，人生這條路上，我們會遇見各式各樣的夥伴。家人是生活的夥伴、同事是工作的夥伴，而朋友則是讓你心靈有寄託的夥伴。

　　我看過一個故事：有個貧窮的家庭，經常遭遇困境。每當這時候，做母親的就會鼓勵大家：「不用擔心。實在走投無路了，我有個寶盒，可以幫助我們度過難關。」寶盒的存在，讓大家覺得安心，能夠勇敢面對問題，找出解決辦法，因此一直沒有真正動用過。多年後，這位母親過世了，家人好奇打開她口中的寶盒，發現裡頭竟然空無一物。

　　我認為，寶盒的意義是一種內心的寄託，能帶來依靠與勇氣。在我的人生裡也有一個這樣的寄託，就是我的大學同學阿

敏，每當遭遇困難時，我毫不猶豫地第一個就會想到她。

上天為我安排的天使

在學生時代，阿敏就是俠女性格的人物，為人豪爽，跟誰都可以打成一片，相形之下，我就有點文青姿態，內心小劇場比較多。我想，我們可以成為好友，絕對跟她寬宏的胸襟與度量有關。

記得畢業後，有一次她約我和幾個朋友吃火鍋，當天我要加班，無法準時到，就打電話告訴阿敏並且請他們先吃。等我趕到餐廳，發現他們還在等我，菜根本沒上桌。我不知哪根筋不對，居然氣沖沖地對阿敏說：「我不是叫你們先吃嗎？」然後不管不顧地離開了。

結果，阿敏不但沒有生我的氣，還安撫其他人：「沒事，沒事，她就是這個脾氣。」

我進入保險業後，阿敏幫我介紹了非常多客戶，對我的事業發展助益良多。結果我跳出來開保險經紀公司，等於是棄這些客戶而去，而且沒告訴她，讓她事後才從報上看到消息。

我相信，她當時一定氣壞了，但是她沒有講一句我的不是，反而傳簡訊給我：「我想了又想，決定支持妳追求夢想。」然後，和以前一樣幫我善後，主動向那些客戶解釋。

　　我雖然從事保險業，但是在人情世故上並不老練，許多人都不敢置信。阿敏很了解我，經常默默幫我盡心意。比如，我們共同的好友生日或尊敬的長輩過世，通常我幾天後才會得到消息，但是阿敏已經先幫我墊錢送禮致意。安排好之後，她也不會客氣，直接說多少錢，要我匯款。

　　阿敏從未要我改掉缺點，也不曾勸我要貼心一點，只是默默認定，在這些事情上幫我把關。她全然接受我的好與壞，甚至彌補我的缺點，我只能說，她是上天為我安排的天使。

　　我們從學生時代相識，一起念書、玩樂；走出校園，開始經歷婚姻和職場的酸甜苦辣時，她仍是我不離不棄的至交。有這樣的好友，我何等幸運。

　　我認為，至交除了是遭遇困難時第一個想求助的人，也是有瘋狂想法時最想分享的人。因為你知道，不管做了什麼讓人無法理解的事，或想追求什麼不可思議的夢想，你們都會彼此

相信、理解，盡力相挺，即使無法提供實際協助，也會在一旁喝采。

不潑冷水

我有幾位這樣的至交好友，風潮音樂創辦人楊錦聰是其中之一。

認識楊錦聰之前，我原本就喜歡風潮出品的心靈音樂。風潮音樂的作品很有人文特色，並且充滿生命力量，總能讓我感到平靜而飽滿。

後來磊山舉辦人文講堂，邀請楊錦聰來演講，我才認識這位音樂大推手。知道我愛聽風潮的音樂後，他經常送我新的CD，彼此漸漸熟稔起來。

楊錦聰的人猶如風潮的作品一樣，想法獨特又振奮人心。他的年紀比我小，我們的關係有點像姊弟。在我眼中，他就是個愛做夢的大男生，而且一旦想做，絕不會輕易放棄，而我，也總有一些瘋狂的點子想去試。

每次有新想法，我們就會互約時間喝咖啡，開心地分享自

己的看法與經歷，也期待對方的回應。這些點子，有時候只是生活上的小嘗試，比如他去做蘇菲旋轉、練芭蕾舞，我聽了之後覺得太可愛了，也打算去學芭蕾舞。

大部分人聽了這樣的事，通常會先質疑：你會不會摔傷？為什麼要跳芭蕾，練瑜伽比較適合呀！很少人會附和：這是瘋狂、好玩而且就是你會做的事。但是無論夢想大小，我們從不潑對方的冷水，甚至會提出執行建議。

在台灣已經頗有人氣的「世界音樂節＠臺灣」，就是楊錦聰的大夢之一。當初，我在咖啡桌旁聽著楊錦聰侃侃而談，深受感動，也就投入磊山的資源和經驗，一起實現這個夢想。幾年來，兩家公司始終合作無間。

從粉絲到至交

原本與我毫無交集的劉若瑀，則是因為我偶遇一場優人神鼓的演出而結緣，成為一路默默相伴的好友。

大概二十五年前，某一天，我帶著二兒子去大安森林公園玩，突然聽到一陣鼓聲，吸引我往舞台方向走去。那是我第一

次看優人神鼓演出，只見舞台上清一色修行人打扮，個個低眉垂眼，神情肅穆，身心完全投入擊鼓之中。我從來沒看過這樣的表演，因此特別感到衝擊。

從那一天開始，我就成了優人神鼓的粉絲，劉若瑀更成為我心中神級的人物。後來，我經常參加優人的活動，也開始邀請她參與磊山的活動。

一九九九年，我在圓山大飯店舉辦磊山的年會。因為要慶祝邁入千禧年，活動辦得特別盛大，開場表演想邀請優人神鼓來擔綱，可惜因為預算問題，不得不作罷。

二〇〇七年，為了啟動社會的正向能量，磊山的人文講堂開課。安排講師人選時，身為粉絲的我，首先想到的又是劉若瑀。於是夥伴聯繫優人神鼓經理郭耿甫，對方爽快答應，劉若瑀就成為人文講堂的第一位講師。

事後我才知道，優人神鼓很少參與企業的活動，對於業績至上的壽險組織更是敬而遠之。然而，他們感受到我們滿滿的誠意，同時也訝異一家保險公司居然要辦人文講堂，就破例接受了邀請。

那一堂課，夥伴們反應很熱烈，大概也加深了優人對我們的好印象。

相互扶持的夥伴

隔年，優人神鼓紀念創辦二十週年，舉辦一連串活動，包括了在誠品書店的攝影展、為期五十天的環島雲腳等。沒想到，活動開始前幾天，答應贊助的企業臨時變卦，活動經費跟著出現問題，籌備許久的計畫眼看就要停擺。

做為優人的粉絲，我二話不說，立刻接手幫忙，唯一的條件是，在雲腳行程中加入南投。因為當時我正在幫南投仁愛之家募款，希望也能讓這些弱勢的孩子，有機會欣賞到如此難得的國際級演出。

磊山不但彌補了優人這次的資金缺口，各地的團隊成員也實際參與環島雲腳。我們陪他們從木柵老泉山走下來，踏出行腳的第一步；在交通忙亂的市區街道上，我們的夥伴負責維安；從彰化翻越八卦山到南投，我更是和大家走在一起。一路上的汗水與淚水，讓我們凝聚成相互扶持的夥伴。

記得在南投中興新村演出前，優人團員在仁愛之家午休小憩，他們躺的是小朋友的上下鋪，睡起來自然不會太舒服。後來，劉若瑀百感交集地說：「藝術家總認為自己過得很困苦，其實我們並沒經歷真正困苦的生活。」

　　不知道是否受到這次經驗影響，優人神鼓後來進駐彰化監獄，帶領收容人進行擊鼓靜心等訓練，我也曾受邀到獄中對收容人演講，為我帶來不同的生命體驗。

　　磊山團隊、優人神鼓，原本是兩條不相干的平行線，然而，緣分將我們串起，成為一個散播愛心的圈圈。

　　二〇〇八年，磊山又在圓山大飯店舉辦年會，我又想請劉若瑀來演講。結果她不但來了，還送給我一個驚喜：邀我擔任優人神鼓的董事。

　　從優人的粉絲到它的董事，是一段奇妙的歷程。對於這個我極為欣賞的表演團體，我很榮幸有機會一路陪伴它前進。

　　二〇二〇年，磊山成立十週年，想擴大舉辦慶祝活動。我突發奇想，希望結合磊山的贊助團體，在國父紀念館舉辦「你、我、我們」公益音樂會。

辦活動是我們的家常便飯，但是舉辦大型音樂會遠遠超出我們的經驗，我知道其中必然充滿挑戰，另一方面，我內心又躍躍欲試，彷彿已經看到那一幕美好的畫面。

做的比想的多

　　我把舉辦公益音樂會的想法，告訴楊錦聰。他馬上貢獻自己的專業，派出風潮同事擔任這個活動的顧問，原本在票務、媒體推廣上是門外漢的我們，因此順利進行簽約並打開曝光度。他甚至主動提供風潮的原創音樂，讓我們免費使用，雖然最後音樂會選擇了別的曲目，我仍然感受到那誠摯的心意。

　　當然，我也試著邀請優人神鼓參與演出。優人神鼓的演出，都是大規格、獨立節目，因此我並沒有十足把握他們能破例。但是，劉若瑀只簡單地說一句，當然好，然後，做的比我期望的多。

　　這次公益音樂會演出的團體很多，為了效率，平時大家分開排練，到最後階段才合體演練、彩排。因此，直到快接近演出時我才知道，優人神鼓是由阿丹師父帶領一團演出，甚至特

別配合舞台大小、時間長度，重新調整演出的方式與曲目。我心裡格外感動，因為，以這次的演出條件與規模，劉若瑀應該讓二團 —— 青年優人來參與，才符合常理。

在好友的紛紛相挺之下，磊山的十年紀念慶祝非常成功，成為我人生中無比難忘的美好回憶。

交朋友，對味最重要

我們三人都是夢想家，骨子裡總有一點浪漫，再奇特的事情都敢嘗試，但並不流於幻想，一定會盡全力去實現心中的想像。這些特質也體現在我們各自的事業中，促成更大的相挺。

楊錦聰在一九八八年成立風潮音樂，劉若瑀於一九八八年成立優劇場，我則是在一九九〇年成立磊山團隊。三個組織年齡相仿，雖然分屬不同產業，組織文化卻非常類似，大家都是把組織當成家，把工作或表演當成使命，因此每當有需要，三個組織的夥伴總是甘心樂意為彼此效力。

50⁺族群的友誼，投緣很重要。我們都累積了一定的人生閱歷，也看過形形色色的人，能夠變成朋友，通常都是氣味相

投，一見如故，不需要花很多時間聚在一起，好像也能無話不談，默契十足。

隨著子女離巢、卸下養家重擔、從職場淡出，朋友在我們人際關係中所扮演的角色，愈加重要。

交朋友的風格跟個性有關，有人喜歡知交滿天下，而我重質不重量。無論如何，不管老朋友或新朋友，對味最重要，不必勉強跟頻道不對的人往來，畢竟相處舒服，友誼才能長久。

一旦進入退休生活，朋友將成為你和外界接觸的一大動力，用心交往幾個至交，他們會是你的心靈寄託，會在你想追夢時為你鼓掌、喝采，讓你的人生更豐富多彩。

第三部

──────

健康平衡的身心

健康的身體與心理是幸福人生的根基，

擁有良好的飲食與運動習慣，

保持喜悅之心，

就可活得容光煥發、活得優雅迷人。

1 我的抗癌、減重之路

　　每天早上，我都會為自己打一杯「養生飲」。

　　核桃、黑芝麻、薑黃粉、黑胡椒、椰子油、高蛋白粉、啤酒酵母、不含糖奶粉等，全放進果汁機。這份配方沒有參考任何食譜，只是很單純地覺得這些東西對身體有益，就加進來，即使它們全都不是我愛吃的食物，我還是每天早上喝上這麼一杯，為自己顧健康。

　　人進入中年後，身體開始拉警報，對於健康的議題就特別有感覺。我跟多數人一樣，年輕時全心投入工作，總覺得自己身體沒什麼異狀，加上潛意識裡不想聽到壞消息，因此總是迴避各種檢查。

　　然而，四十五歲那一年，我第一次做子宮頸癌篩檢，就發

現自己罹癌。

誤打誤撞的篩檢

說起來，冥冥之中自有天意。我平時都是開車上下班，那一天，正好車子送洗，難得走路回家。來到巷口時，有人攔住我，問我要不要做子宮頸癌篩檢，我的第一個反應當然是婉拒。對方是衛生所來做里民服務的人，便露出苦惱的表情：「糟糕，今天都沒什麼人來做檢查，應該寫不出報告了。」

聽他這麼一說，天性雞婆的我就想幫忙，於是呼朋引伴，找了同一幢大樓的住戶大概七、八位女性，出來做檢查。既然把別人叫來，我自己當然不好意思不做，也就跟著一起檢查。

三天後，我接到電話，通知我檢查結果為陽性，必須趕緊去醫院看婦產科。

醫院檢查證實罹癌，但我因為甲狀腺亢進，無法立即開刀，必須先休養半年。由於不希望自己生病的消息造成家人、團隊精神上的負擔，所以在那半年間，我一個字都沒有提，直到開刀前一天必須要先生簽字，我才把事情告訴他。

幸運的是，我在子宮頸癌初期發現，手術之後就順利痊癒。現在回想起來，因為我從來沒生過這麼大的病、不曾開過刀，加上我瞞住所有人，一個人獨自面對未知的結果，那段期間最大的煎熬，應該還是等待命運宣判的心情。

一張照片，下定決心減重

　　成功抗癌後，我人生的另一個健康議題，就是減重。

　　我從小長得圓圓胖胖，在家裡小名就是「阿肥」，跟我叫作「阿瘦」的妹妹恰成對比。癌症痊癒後，我的體重更是往上飆，一百六十公分高的我，體重竟然來到八十二公斤。

　　其實我不是沒想過減重。我不愛運動，唯一的減重手段只有節食。但是每次一動念就開始天人交戰，內心的小惡魔總會跳出來對我喊話：「吃吧！吃吧！妳工作這麼辛苦，為什麼還要折磨自己？」或是：「胖一點有什麼關係？像妳事業有成，如果瘦下來變漂亮了，豈不更遭人妒忌？人最好還是不要太完美……」

　　總之，最後還是敵不過食物的誘惑，每每立下的意志都不

了了之。然而，因為一張照片，終於讓我下定決心，一定要成功甩肉。

二〇〇一年，還在前東家任職的我，拿下台灣區年度業績第一名，跟其他地區的十一位冠軍，一起登上內部刊物。

由於我的業績不但是台灣區第一名，還是整個亞洲第一名，拿到刊物時，自然是感到無比光榮，然而當我把其他地區冠軍的照片掃過一次，興奮之情立刻大打折扣。

其他人的照片，男的帥、女的美，只有我是福態大嬸的模樣，而且版面上的相框還是圓的，更顯得人胖。

人不一定要漂亮，但要好看

坦白說，我不認為人一定要「漂亮」，但是一定要「好看」。我心中定義的好看，必須是精氣神充沛，散發光采，尤其我做保險、做領導，需要激勵人，如果身形不俐落、神情又懶散，很難發揮影響力。

而照片中的我，顯然不好看。

當時我在辦公室裡，抬頭一看，同事們在門外走來走去，

各自忙碌，其中有超過二十位女性同仁未婚，都是從年輕時加入我的團隊，跟著我一路打拚過來。組織裡，領導者是個指標，因為我不重視身材，其他人有樣學樣，一個比一個胖。

此時，輪到心中的小天使出來對話：「讓團隊跟著我一直胖下去，這樣好嗎？我是不是該做個好榜樣，讓大家也能鞭策自己，好好管理身體？」

於是，我再一次決定減重。只是，以前想減重，單純是為了自己，而這一次不只是為自己，更為了我的團隊，責任變得重大了。

有了目標，接下來，就要制定策略和戰術。我的策略很簡單，就是切斷對食物的依賴。

不用美食犒賞自己

長期以來，食物是我的心靈安慰劑，只要心情不好，就透過吃喝來發洩情緒。記得大學時代，有一次跟男朋友吵架，足足吃了三大碗牛肉麵來平靜自己。進入職場後，無論工作勞累或贏得進展，吃美食更是犒賞自己的最佳方式。

既然我想減重，一定得剪斷「食物」和「安慰」的心理連結，於是我重新定義自己和食物之間的關係，讓吃的目的僅限於維持生命，當我要獎賞、慰勞自己，就選擇旅遊。

　　至於戰術，我的方式很簡單，就是「不吃任何看得見的動物」。

　　乍看之下，好像是吃素，其實不然。舉例來說，我不吃雞肉，但是可以喝雞湯；我不吃蔥爆牛肉，但是可挑揀牛肉旁邊的蔥來吃；我不吃清蒸鱈魚，盤子中的薑片照吃不誤。如此一來，我不吃肉，但是可以沾葷，參加飯局時，主人也不必為我特別準備素菜。

　　一開始，我還有點得意，自己居然想出這麼有創意的方式，結果沒多久，我們在北投新秀閣大飯店舉行「磊山之夜」，這個減重戰術立刻受到考驗。

　　飯店的菜色是日式料理，第一道菜自然就是生魚片，整個盤子裡，我唯一能吃的是白蘿蔔絲，心情已經開始不好；接下來上的是清蒸魚，我只能吃薑片；好不容易等到第三道菜，又是滿滿的肉類，我什麼都不能吃。當時，我心情惡劣到跑進廁

所跟自己發脾氣：「為什麼要給自己找麻煩啊！」

不過，念頭又一轉，想到我的團隊，為了給她們好榜樣，我牙一咬，還是決定把這套戰術貫徹到底。於是，我靠著不吃肉的方式，在三年半內，體重從原本八十二公斤瘦到五十六公斤，整整減去二十六公斤。

十四號的提醒

但我也必須承認，前三個月，我其實是變胖，胖到八十六公斤，然而，從第四個月起，開始以每個月瘦一公斤的速度一直往下掉。我曾經瘦到五十六公斤以下，但是發現自己因此顯得有點憔悴，所以再吃胖一點回來。

那段時間，我沒有告訴任何人自己的減重計畫，就是默默進行，很神奇的是，當我瘦下來後，我發現團隊成員也跟著瘦下來。可見只要領導者以身作則，同仁自然會跟著效法。

由於減重不易，為了提醒自己，我特定留了一件當年發胖時穿的衣服。那時候尺寸是十四號，現在我可以穿六號。重新穿上那件舊衣，簡直就像是套了一件帳篷，幾乎難以想像當年

的份量。

　　現在我除了早餐是那杯養生飲，其他兩餐都是正常進食。不過我仍然保持每天量體重的習慣，一旦體重升上來就重施故技，用不吃肉的方式再讓體重降下去。

　　一般人講到減重，除了飲食控制還會搭配運動。因為我真心不愛運動，唯一能做的是走路，所以就努力做到日行萬步。我腰間掛著計步器，只要發現當天可能無法達標，平時開車上下班的我，就會改成走路回家。

　　坦白說，雖然我以日行萬步為目標，有時候工作太忙，難免走不到萬步，但是我會持續要求自己，盡力讓日行萬步成為常態。

養生也要「養心」

　　在高齡化的趨勢下，養生成了顯學，很多人講起養生經頭頭是道。相較之下，我的養生方式簡單多了，沒什麼高深的理論，就是做起來便利，又不會覺得太勉強。我認為，養生一定要順著自己的本性，才容易持之以恆。

另外，人的身、心、靈會互相影響，很多人身體出狀況，其實是心生病了，所以養生的同時也要「養心」。

　　我享受獨處，在人際關係上又有穩定的支援系統，加上喜歡分享、幫助別人，在正向能量的循環下，不論再怎麼忙碌，我的心情總是很愉快。常保喜悅之心，每天都有好心情，你會活得比較快樂，也會活得比較健康。

2 七十歲，我要穿比基尼

在一場國際會議中，一位外國女性吸引了我的目光。

她看上去有點年紀，大概六、七十歲，頭髮梳得一絲不苟，白襯衫搭配剪裁得宜的牛仔褲，腰桿挺得筆直，整個人看起來很有精神。不論是穿著或神態，這位女性都讓我留下深刻的印象。

賞心悅目是一種競爭力

我常跟磊山的夥伴強調「三值」的重要：素質、氣質，以及顏值。

就拿顏值來說，「賞心悅目」絕對是一種競爭力。年輕人有青春當本錢，自有屬於那個年紀的顏值，至於 50⁺ 族群，也

可以擁有另一種顏值，像那位外國女性所流露出的優雅、洗練，就是50⁺族群才會擁有的賞心悅目。

不管再怎麼凍齡或逆齡，老去是人生的必然，但是我們可以讓自己不顯老態。維持良好的顏值，除了能強化自信心，對於健康促進也有正面的影響。

容貌只是顏值的一部分，除此之外，一個人的體態、形象，也影響他是否看起來賞心悅目。為了維持穠纖合度的身材，你必須管理飲食、多運動、作息正常，因此，在追求「好看」的過程中，同時也獲得了健康。

打扮就像刷牙洗臉

想要維持顏值，則必須重視打扮。

還在職場上班時，大部分人為了工作需要，或多或少都會打扮；一旦退休了，有些人開始變得精神懶散，然後穿著隨便，儀容邋遢。

暫且不說他人觀感不好，人不打扮之後，通常就會習慣窩在家裡，懶得出門跟人互動，久而久之，精、氣、神渙散了，

人就會顯得老態。

我認為，就跟刷牙、洗臉一樣，要把打扮當成每天的例行公事，自然而然，就會養成打扮的習慣。

雖說 50⁺ 族群要打扮，倒也不必刻意裝年輕，重點在於讓自己看起來有精神。因此，穿著合身的衣服，剪個俐落的髮型，維持外型的清爽，女生的話，再稍微化個淡妝，整個人就會顯得神采奕奕。

上了年紀，難免出現白頭髮，有些人會置之不理，頂著一頭灰白交錯的亂髮，顯得暮氣沉沉。因此，我建議要染髮，或是像我有些朋友的做法，索性染成一頭全白，看起來不僅有型，也有個性。

長庚醫院有位女醫師，大概七十歲，一頭白髮剪得很短，而且瀏海經常染成一抹鮮豔的色彩，帥氣十足，即使她穿的只是一般的醫師袍，也讓人覺得很賞心悅目。

打造自己的風格

隨著打扮成為習慣，漸漸就會發展出自己的風格，即使你

是50⁺族群，還是非常有魅力。

來自香港的王玉環，在保險業界是名氣響亮的天后級人物，我們每次見面，她的妝容總是無懈可擊，身上穿的衣服必然是夏姿出品，有點繡花，帶點古典美，個人形象很鮮明，絲毫看不出已經年過六十。

我相信，她即使到了八十歲，一定還是不改形象，仍然會美美地出現在眾人面前。

我還有一個從事婚紗設計的朋友，也是六十歲，衣著就走淡雅風格，穿在她身上的色彩，看不到熱鬧的大紅大綠，總是帶點灰階，加上一頭飄逸長髮，每次見到她，都覺得安靜從容、心曠神怡。

乾淨俐落就能展現魅力

至於50⁺的男性，只要遵守簡單、乾淨、俐落的原則，再搭配一點特色單品，就能展現熟男的魅力。

像我的好友、肯夢創辦人朱平，一頭白髮，黑框眼鏡，身上永遠不脫白、黑、灰、藍幾種沉靜的顏色，看起來就很舒

服。另一位好友，風潮音樂創辦人楊錦聰，平時就是素色圓領衫，天冷時加條圍巾，整個人立刻變型男。

所謂風格，每個人都有自己的想法，有人鍾情於設計師品牌，也有人用平價的衣服混搭，自成一格，或是在配件上下功夫⋯⋯。不管傾向哪一種，重點是心中要把打扮當成一回事，才能為自己的顏值加分。

當然，提升顏值之外，素質、氣質也必須相呼應，否則打扮得再有型，一開口就是倚老賣老，陳腔濫調，好感度也會大打折扣。

因此，平時多充實人文素養、累積有質感的生活體驗，內外兼修，才能真正成為一個好看且又討人喜歡的50⁺。

以熟齡樣貌為傲

人在不同的年齡，必然有不同的樣貌，只是一般人對於「老」存有刻板印象。事實上，如果顏值維持得宜，為何不能以熟齡的樣貌為傲？

某天，我在整理舊照片，看到一張自己二十歲時的照片，

照片上的我，穿著火紅比基尼，自信地站在遊艇甲板上。當年身材也沒有多好，然而青春無敵。這時候我突發奇想：「當我七十歲了，是不是也能穿著比基尼，再來拍一次照？」

可以想像，如果我跟家人提出這個構想，先生知道我反正就是愛做瘋狂的事，大概就是一臉「隨便妳想怎樣」的表情，二兒子會很興奮，大兒子則可能面露狐疑：「妳確定真的要這麼做？」

老得容光煥發，老得優雅迷人

不過，我是認真在思考這件事，並且展開計畫：為了到時候拍照好看，我已經開始勤練瑜伽，保持身材，並且準備上芭蕾舞課，美化體態。

就個人來說，我又有新的夢想要追、有許多事要做，日子自然充實豐富，人也精神十足；更重要的是，我可以用自己為例來鼓勵其他女性，不論是哪個年紀，只要妳有自信，都有資格穿上比基尼展示身材。

這個點子聽起來有點瘋狂，但是我希望給「老」帶來不同

的詮釋。老，不代表就得老態龍鍾，你可以老而容光煥發，老而優雅迷人，老而充滿魅力。

第四部

———

人生必做的十件事

如何每天都活得生氣勃勃、充滿驚喜，

列出自己的心願清單，

立即展開行動，

別讓人生留下遺憾。

1 享受一個人的旅行

　　我常常和一群人旅行，旅伴會帶來樂趣。記得有一次，我和同事去黑龍江第二大城齊齊哈爾，到保育濕地一睹丹頂鶴的丰姿，看著北國的青空下，丹頂鶴成群展翅飛過，那種感動，當下有人可以一起讚嘆，真的非常美好。

　　但是，我也熱愛一個人旅行，多年來一直維持著這個習慣。會開始喜歡一個人旅行，其實是個意外。

　　大概三十多年前，某天我突然興起想出國走走，但因為先生或朋友的時間都湊不到一起，索性決定自己去，地點也交由旅行社推薦，最後選擇了峇里島。

　　我投宿在努沙杜瓦（Nusa Dua）海灘的地中海俱樂部（Club Med），吃住都相當舒適。由於沒有參加旅行團，行程

相當隨興，要去哪裡完全看當時的心情。

旅程第二天，我請飯店櫃台介紹景點，對方推薦了一個賞日落的景點，我穿著短褲、踩著拖鞋，帶著簡單的包包，就出門玩耍去了。

一個人獨享的自由

因為是一個人，我的行動相當自由，邊走邊逛，哪裡有趣就進去瞧瞧，肚子餓了，就找家餐廳坐下來吃東西。我記得，途中發現一家酒店，出於好奇便進去參觀，突然有樣東西吸引了我的視線，就是無邊際游泳池。

現在來看也許不稀罕，當年卻是我第一次看到無邊際游泳池，簡直就像發現新大陸般驚奇。如果當時我身邊有旅伴，參觀之前難免要先問問對方的意見，如果他不想進去，我大概也會放棄，免得他落單。

可以自由做決定，就是一個人旅行的好處。

這樣一路閒晃，渾然不覺就來到俱樂部推薦的海灘，我進入賞日落最佳視野的一家酒吧。

酒吧臨海的甲板上，張開一把把白色遮陽傘，傘下坐著十來位西方觀光客，很特別的一點就是，女性都穿著白色比基尼，個個身材玲瓏曼妙，連同為女性的我，都忍不住透過太陽眼鏡的掩護，好好打量她們一番。

隨興出發，感動而歸

正當等待著日落時分，一陣陣鑼鼓嗩吶聲傳來，由遠而近。我定睛一看，是一群當地人組成的隊伍，他們大多數也穿著白色服裝，男人戴頭巾，女人挽著髻，插上鮮花。眾人舞動旗幟，吹響樂器，簇擁著神轎，緩緩抵達眼前這片沙灘。

這是當天繼無邊際游泳池之後，另外一個讓我大開眼界的畫面。

事後我才知道，峇里島人篤信印度教，他們的新年在三、四月，稱「安寧日」（Nyepi Day），而我所見到的這一幕，就是安寧日前夕的祭海儀式，稱為「Melasti」。

當遊行隊伍全部到齊後，祭師開始低聲誦經，穿著金色舞衣的少女翩翩跳起祭神舞，信徒們將裝有祭品的神轎虔敬地推

進大海。隨著夕陽西下，金色光芒逐漸消散，儀式邁入尾聲，整個沙灘又恢復原本的平靜。

我猜想，現場這些歐美觀光客，應該都知道有這場祭海儀式，才不約而同穿著白色泳裝。而我，沒有心理預期，更感到驚喜。

我在那片海灘上一直待到夜幕低垂，回到俱樂部時已經將近深夜。這一天雖然是隨興出發，卻收穫了滿滿的感動而返。

即使時隔三十多年，那個下午，落日、海風、穿著白色比基尼的觀光客，以及莊嚴又虔誠的祭海儀式，現代對比著傳統的畫面，仍然栩栩如生，在我人生最享受的時光中，絕對排名前五。

那一趟峇里島之行，讓我發現獨自旅行的樂趣，從此，每年都會規劃一個人的假期。

跟著興趣去度假

一個人旅行，重點就在於隨心所欲。

如果不知道一個人該怎麼玩，一開始，你可以依照自己的

興趣規劃主題。曾經連續好幾年，我都會飛到紐約，待上七至十天，主題就是看百老匯音樂劇。

通常我會選擇住在時代廣場的旅館，每天睡到自然醒，慢慢梳洗，中午先吃個美味漢堡，然後散步去排隊買票，看什麼都好，即使重複也無所謂。晚上看完戲，跟著觀眾人潮出來，一邊散步，一邊品嘗街頭小吃，心滿意足地回飯店。

小時候，外公常請人到家裡搬演布袋戲，做為他寵愛的外孫女，我有特權台前台後兩邊跑，因此我對於舞台上的各種機關，一直很有興趣。

我在紐約看戲時，除了《歌劇魅影》、《貓》等必看的經典，也愛看迪士尼動畫改編的音樂劇，就是好奇舞台上如何重現動畫中的經典場景。

當我看到《獅子王》的大草原、《阿拉丁》的飛毯、《小美人魚》的海洋世界，栩栩如生地搬上舞台，只能豎起大拇指讚嘆。

看過那麼多齣戲，最讓我印象深刻的還是《貓》。這部戲的魅力，就在於演員跟觀眾很貼近。記得第一次看《貓》是帶

著兒子一起，扮成貓的演員用長長的鬍鬚來逗兒子，讓兒子開心得不得了，我也感到非常驚喜。

什麼都不做的樂趣

一個人旅行，不必把行程排得很滿，只要事先做點功課，列出必做的事、必吃的餐館，至於其他時間，想做什麼就做什麼，甚至什麼都不做，也不要緊。

早些年我很愛「玩旅館」，不安排什麼行程，就是投宿不同的旅館，待在裡面體驗各項設施與服務。像我很喜歡位於上海新天地的朗廷酒店，光是坐在大廳喝咖啡，就充滿了樂趣。

隔著落地窗，我可以看見新天地逛街的人潮，紅男綠女，無不打扮時髦，可以說是中國大陸中產白領的代表。咖啡廳內則坐滿了商務人士，他們談的不是八卦，而是相互套關係、找機會。

我最常聽到的內容是：「我手上有個項目（專案），要不要對接一下？」在那個世界，每個人毫不掩飾自己的企圖和渴望，積極串連人際網路，對於不善交際應酬的我，反而帶來啟

發和學習。

重訪故地，發現本心

隨著經驗多了，對我來說，一個人旅行不再是為了探索未知的冒險，而是逐漸變為心靈沉澱的儀式。我最常去的城市是日本名古屋。

當初是為了探望在當地求學的乾兒子，我和名古屋結下不解之緣。名古屋不大，很適合散步，我最喜歡的一條散步路徑位於近郊長久手市，叫作「潺流小徑」（せせらぎの径）。

這是一條穿過住宅區的綠色步道，兩邊都是兩層樓的日式樓房，沿路有樹、有花圃，修剪得十分整齊漂亮，地上的石板中，還鑲著一格格「小紅帽」、「桃太郎」等童話故事的場景。走著走著，路旁出現細細長長的水道，這就是「潺流小徑」的名稱由來。

小徑的終點是一座白色的鳥居，後方是長長的階梯，爬上去就能看到「景行天皇社」，建築雖然小但氣氛十分清幽。因為不是什麼知名景點，一路走來，人影稀少，真有種遠離塵囂

的寧靜感。

我獨自到名古屋旅行，前後大概三、四十次。每逢生活需要轉換心境時，我就飛到名古屋，待個三天兩夜，在熟悉的小徑散步，在熟悉的店家吃東西，透過這樣的儀式，達到重新充電的效果。

我認為，旅行的意義在於發現，去沒去過的地方，累積前所未有的體驗，是發現「新的事物」；至於像我這樣，重複去同一個地方、做同樣的事，則是發現「真的事物」。

所謂「真的事物」，就是屬於自己的「本心」，正是透過這種儀式般的一個人旅行，我更深入了解自己是什麼樣的人。

兩天一夜小沉澱

我一個人旅行的經驗，多半在國外。不過，出國一趟通常得待比較多天，如果時間有限，我也會在台灣走走，礁溪、烏來等台北附近郊區，是我比較偏好的幾個地方。

我會選擇在第一天中午抵達，先吃點在地美味，再辦理旅館入住。然後，或是留在旅館裡泡泡溫泉、參加館方的體驗活

動，或是到附近散步，享受山林的洗禮，舒服地度過一個寧靜的夜晚後，隔天下午才離開。雖然只有兩天一夜，對我來說，也是沉澱自己的好方式。

或許是受到我的影響，身邊也有年輕同事開始一個人旅行，最初是去花蓮，後來還去了泰國。她告訴我：「一個人的時候，所有的感官會變得特別靈敏，而且因為沒有人在身邊陪著講話，反而更有動機跟當地人聊天，即使在泰國語言不通，透過Google翻譯或是比手劃腳，一樣聊得很愉快，特別有成就感。」

一個人旅行，享受一個人的樂趣，人生下半場其實可以恣意燦爛。

2 建立固定陪伴系統
創造共好時光

　　我的手機裡有一個「地藏庵群組」，名稱或許有點奇特，
卻是一群關係維繫超過三十年的朋友。

　　群組的緣起，跟我的大學好友兼閨密阿敏有關。學生時代
就很有領袖魅力的她，結婚生子後，因為接送孩子上幼稚園，
跟許多媽媽熟稔起來，她們開始定期聚會，我也被阿敏拉進
來。後來，彼此的另一半紛紛加入，加上小孩，群組多達三十
人，而且已經延續到了第三代。

好友相聚，溫暖自在

　　「地藏庵群組」每年有兩次重要的聚會，一次是中秋節，
一次是過年，地點都在阿敏家。

中秋節，我們不免俗地辦烤肉會。阿敏家樓下有家鴨肉店，中秋節晚上不營業，就把騎樓空間讓給我們。時間一到，各家紛紛到來，有人帶高檔和牛，有人帶好酒，有人忙著烤肉，有人熱情招呼，更有人大口吃喝。

　　因為彼此熟識、互相接納，誰做什麼都非常自在，不會有人因為多付出而計較，或因為少做事而不安。像我有時候晚到，大家看到我總是如常地喊道：「佳蓉，妳來了！」然後遞上一盤香噴噴的烤肉，不會有人調侃，「妳怎麼這麼晚才來？」

　　月光下，品嘗各種美食，看著這樣一群好友，開心地暢談趣事和未來計畫，我內心總像有股暖流流過，溫暖熨貼。

不分主客的年度聚會

　　至於過年，聚會更盛大。我們各自在老家吃過年夜飯後，大約九點，就會陸續聚到阿敏家吃「菜尾」，大人品酒、聊天，小朋友玩他們的遊戲，一起圍爐守夜，猶如一家人。

　　到了初一，我們一起去廟裡拜拜、貼春聯，晚上六點，正

式的過年派對才登場。阿敏和她弟弟住上下樓層，這個弟弟是烹飪高手，弟妹阿月更擁有證照，所以初一晚上，這兩位大廚聯袂執鏟，其他人當下手。

　　一般來說，到別人家做客，客人生怕打擾，通常會有點拘謹；主人擔心招待不周，也會有點緊張。然而，「地藏庵群組」的聚會，因為交情超過三十年，大家完全不客套，就像在自己家一般，不分主人或客人，一起捲起袖子準備大餐。

　　說大餐，一點也不為過。不僅餐桌上一字排開近二十道菜，其中總有好幾道功夫菜，是平時忙於工作的我們無暇坐下來細細品嘗的。

　　雖然吃喝不是重點，但是美食一向能撫慰人心，這時候，又有來自不同背景、各個地方的久違好友，天南地北聊起，聽聽別人的經歷、說說自己的糗事，無比輕鬆愜意。像這樣的家常日子，對一向行程緊湊、高度聚焦的我，真是難得的享受。

　　「地藏庵群組」一開始只是聚會吃飯，後來因為有人得知某學校有學生繳不起學雜費，在群組裡發起募款活動，結果規模愈做愈大，最後成立了「高雄市地藏慈善協會」，定期援助

弱勢學生學雜費、營養午餐費用。大家常常一起討論、捐錢，興致勃勃，讓群組充滿更多的正面能量。

一個都不能少

群組每年還有一次團體旅行，這是「地藏庵群組」的年度大事，為了「一個都不能少」，日期往往是前一年就開始聯繫、敲定。

雖然安排得很慎重，但是行程並不特別偉大，主要目的是讓大家相聚，所以通常是兩天一夜的在地小旅行。二〇二〇年五月這一次將會非常特別，因為旅行地點首度拉到海外，而且對大家充滿意義。

阿敏的兒子在日本留學時，曾經在寺院裡上學，接觸了當地的佛教機構。當他告訴我們大阪本德寺要進行修建亟需經費時，本來就會捐款幫助弱勢學生的群組，一聽之下，立刻你捐瓦、我捐磚，送出一筆資源。

隨著本德寺完工在即，大家一起去見證共同的心血，一定更為感動。

熟年的陪伴，不必像年輕時經常膩在一起，也不必像職場上永遠得熱情應對，只要在重要時刻擁有知心的交流，即使每年兩、三次，也已經足夠。

像這樣重質不重量的固定陪伴系統，對成熟獨立的50⁺來說，再適合不過了。

只是，雖然每年只有兩、三次聚會，若不用心經營，也不易維繫。一些原本經常聚會的群組，隨著時間流逝，有人發展更上一層樓，有人的狀況不如從前，慢慢就會有人脫隊，聚會人數愈來愈少，最後無疾而終。

不可或缺的關鍵角色

「地藏庵群組」可以維持超過三十年，而且「黏著度」不減，跟兩個關鍵角色有關。

首先，是阿敏的弟妹阿月，她是群組的「奉獻者」。每次聚會，她都得料理一大桌菜，事前準備不說，聚會結束還得收拾殘局，如果沒有高度服務的意願，聚會很難長期持續。

另一個關鍵角色就是阿敏，她是群組的「組織者」，如果

沒有她把大家串連起來，並且建立遊戲規則，「地藏庵群組」不可能走到今天。

舉例來說，群組中每個家庭經濟狀況不同，有人資產上億，也有人揹負債務，遇到過年聚會發壓歲錢，若家長出手不同，孩子之間可能開始比較。因此阿敏訂定規則，小學生一律給兩百元，國中生給六百元，高中生給一千元，大學生給一千兩百元。大家按照「公定價碼」發壓歲錢，不會有給多或給少的壓力。

另外，團體用餐、住宿的選擇，她以平價為原則，避免造成部分成員的負擔。至於為本德寺捐瓦，她會請經濟狀況好一點的人多捐一點，手頭不是那麼寬裕的人就少捐一點。

阿敏是這個群組的領頭人，她公正無私又體貼他人，而且意志堅定，大家也發現，照著她的遊戲規則走，事情都能水到渠成，因此樂意配合，讓群組活動一直持續。

我很幸運，在比較緊繃的職場人際關係之外，還有「地藏庵群組」這群朋友，跟他們相處，我很自在、很放心，無形之中，性格也變得比較柔軟、寬容，是我生命中很重要的「陪伴

系統」。

找到有話可聊、有事可做的朋友

學習獨處，是人生邁入下半場的重要課題。但是，長期處於孤獨的狀態，並不是好事。

我曾經看過報導，有美國研究團隊發現，孤單的人，罹患阿茲海默症的風險高出一般人兩倍以上，而多參與社交活動，則可以降低失智風險四成。另外，還有研究顯示，五十歲以後的人如果帶有強烈的孤獨感，比起社交生活豐富的人，身體健康更容易有負面的影響。

觀察身邊的50$^+$族群，我發現，有些人儘管退休後仍然過得有聲有色，甚至比退休前更精采，有些人則是鮮少跟外界聯絡，平日也無所事事。兩者的差別，關鍵在於有沒有建立陪伴系統。

什麼是陪伴系統？簡單來說，當你想打球，找得到球友；當你想打牌，找得到牌友；當你想吃飯，找得到飯友。跟這些朋友有話題可聊，有事情可做，將成為你出門探索外界事物的

動力。透過陪伴系統，我們可以維持人際交流，生活也會多采多姿。

用社群媒體找回老同學

陪伴系統可以來自老朋友，特別是老同學，大家有共同的記憶，很容易打成一片，尤其現在社群媒體發達，找人特別容易，透過臉書，就有機會把畢業失聯的同學找回來。從小學、國中到大學，光是同學之間相約吃飯、爬山，就可以形成好幾個陪伴系統。

另外，發展興趣，認識志同道合的新朋友，也是建立陪伴系統的絕佳方式。我有一位同業的朋友，對演戲很感興趣，退休後他去參加業餘劇團，跟著一群同好學表演、排戲，玩到舉行發表會，生活充實又開心。

另一個例子，是我一位青島的朋友。她興趣很多，既愛畫畫，又會烘焙，就在社群媒體微信上，依興趣成立不同群組，各群組裡發表不同的話題、貼圖。有興趣的人可以點進去瀏覽，甚至在上頭發言、和大家互動。

當然，有人只是因為好奇而點進去，但是也有人抱著結交同好的心情而來，漸漸地，每個群組都累積了固定的成員，他們不但經常在微信上交流，甚至會定期見面。

其實，我這位朋友最初的起心動念是想成為網紅，雖然後來並不如她所預期，但是也因此結交了不少相同興趣的新朋友，甚至開起了畫畫班、烘焙班，忙得不亦樂乎。

各種社群媒體當然是交朋友很好用的工具，但是你本身也要有一些興趣、嗜好甚至專長，才能吸引同好，大家聚在一起能聊得起勁，而且相互學習，共同成長，成為彼此重要的陪伴系統。

開拓新的人際關係

除了透過興趣結交同好，參加宗教團體、擔任志工，都有助於開拓新的人際關係。

像我的母親高齡八十多歲，還是聾啞人士，仍然定期在靈鷲山無生道場擔任志工。她寫得一手好字，道場請她處理開收據、抄寫資料等文書工作，其他時間她也不閒著，到了準備齋

飯的時間，她就去廚房幫忙揀菜、洗菜，年關到了要大掃除，她同樣拿起掃帚、抹布，跟著清清洗洗。

靈鷲山的無生道場對於聾啞志工十分友善，除了我母親之外，另外也有好幾位聾啞志工，其中一位還是母親的小學同學，她們一起做志工，彼此能用手語溝通，形成她很重要的陪伴系統。

保持與人互動的熱情

多年前，如果你一個人到餐廳吃飯，旁人會以為你失戀了，如今社會觀念大為改變，不論是一個人吃火鍋或一個人唱歌，不再有人投以異樣的眼光。另一方面，「宅經濟」為生活帶來極大的便利，肚子餓了叫外賣，東西缺了上網買，即使一整天不出門，也能輕鬆度過。

正是因為這個時代有利獨處，保持人跟人之間的接觸、獲得團體的支持和歸屬感，就變得特別重要。

人一旦離開職場，社交圈子往往也跟著縮小，加上子女陸續「離巢」，甚至組織自己的家庭，內心的孤獨感難免日益強

烈。如果從此失去跟他人互動的熱情，就可能走上孤老一途，甚至出現憂鬱症、失智等問題。

　　因此，大部分還在職場的50⁺，如果及早發展陪伴系統，用心維繫，有了這些舊朋友、新朋友，不僅可以避免孤老，而且能互相共好，讓人生下半場更加精采。

3 透過分享機制
灌滿正能量

　　二〇一九年三月二十四日，我經歷了人生中難得的一趟
「囧途」。

　　我原定的行程，是從內蒙古東北部的海拉爾區，搭飛機經
內蒙古中部的赤峰，轉往天津，預備隔天開會。

　　那天早上，海拉爾氣溫零下十度，我為了叫計程車到機
場，在刺骨寒風中整整站了十分鐘。

　　飛機降落天津之後，我在機場等了半天，都沒有看到來
接我的人，狀況不太對。後來一查才發現，自己把會議地點北
京記成了天津。這時已經買不到往北京的機票了，我決定搭火
車，於是立即叫車直奔火車站。

　　這一蹉跎，已經是晚餐時間。售票櫃台人手不足，我整整

排了一個小時，才終於買到火車票。

享受接二連三的意外

鬆了一口氣，我準備到月台搭車，卻發現手扶梯壞了，只好提著近二十公斤的行李，一階一階地往下走了兩層樓。上了車，以為可以好好坐下來休息，卻看傻了眼，整個車廂烏壓壓擠滿人，別說是無座，連立足之地都沒有。怎麼回事？拿出車票一看，原來我買到的是無座位的慢車。

好不容易，我在廁所附近占到一個位置，至少可以把行李放下來，只是每當有人要進出廁所，我就得挪動一下。

旅程中我心血來潮，想把列車內摩肩接踵的場面拍下來，掏出手機來，結果發現手機快沒電了。在中國大陸，沒有手機形同廢人，於是我趕緊向一位正在看劇的男人借充電器。他一開始本來不想借，結果挨了老婆的罵，只能答應借我，但是手機孔的接線不符，沒辦法充電，於是他扯開嗓門問：「這位大娘需要充電線，誰有？」

乘客很熱心，紛紛拿出充電線要借我，不巧的是沒人跟我

一樣是用iPhone，接頭都不對，只好眼睜睜看著電池容量一點一滴歸零。

手機沒電了，正好讓我靜下心來旁觀車廂裡的眾生百態 —— 有人跟女朋友吵架，有人用手機談生意，有人全神貫注於手機螢幕上的球賽……，兩個小時的慢車，似乎變得不那麼難挨了。

抵達北京，已經晚上十點了，手機沒電，加上又沒帶現金，連叫車到飯店都有困難。此時我突然想到，身上還有提款卡，就開心地拖著行李去找提款機。

領到三百塊後，我準備去找排班計程車，這時突然有一個男人走向我，問我是不是要搭車，他出價一百八十塊，我心想反正錢夠用，就一口答應了。

對方一把抓住我的行李，帶我走到停車場，換成一位女生陪我，他去開車，沒多久，看見有車駛過來，居然是一輛老舊的貨車。行李上車後，那個男人上了駕駛座，我坐進前座的位子，那個女生則跳上後車廂，就這樣，一路朝飯店方向疾奔。

到了飯店，要駛進車道時，管制柵欄一直沒有拉起來，男

人便對我說：「這車太破了，他們不讓我進去，您就在這裡付錢下車吧！」

於是我只好下車，拖著行李進飯店，完成入住手續時，已經是凌晨十二點五分了。

經過這一整天的折騰，我第一次覺得，旅館的房間竟有如天堂般美好。

囧事變趣事

一般人如果經歷這樣的囧途，大概已經積存了一肚子負能量，最好一覺醒來就忘得乾乾淨淨，我卻迫不及待把這段經歷寫在臉書上，第一句就是「這個經驗有趣極了，一定要記錄下來！」後面還接了一個笑臉。

除了細數這一天經過的囧事，我還特別記下幾個重點：

一、一整天下來，我發現自己全程都保持著好奇興奮的心情，像是看到貨車時，因為自己從來沒坐過貨車，特別感到新鮮有趣。

二、這一天的狀況百出，其實教會了我幾件事，包括了開

會前一定要確認地點；假日如果臨時買機票，可能會買不到；火車票有分高鐵和慢車，因此一定要跟售票人員說清楚……。

三、把我送到飯店的司機，雖然收了幾乎是市價三倍的車資，不過他攬客時的快狠準，以及跟女性拍檔（我猜應該是他太太）合作無間，把一部破舊貨車的「產值」發揮到極致，倒也讓我長了見識。

我的臉書貼文平時留言不算多，這則囧途文一貼出，反應相當熱烈，還有「臉友」開玩笑地說：「大娘，妳真牛啊！」

用平常心面對逆境

由於平日工作忙碌，我其實沒有太多時間在臉書上發文，卻有朋友告訴我，她很喜歡看我的臉書，因為可以獲得正面的能量。

我之所以經常正面思考，大概有幾個原因：

一來，我天生的性格就是比較樂觀積極。記得小時候，我曾經興高采烈地跟阿媽說：「阿媽，妳看，我是不是很漂亮？」阿媽哭笑不得地回說：「哪有人自己說自己很漂亮

的？」可是我就是自信滿滿，認為自己很漂亮，雖然我當時只是個小胖妞。

再者，則是家庭教育。

我是家中第一個孫女，從小備受阿公、阿媽寵愛，但是當阿姑們在做家事時，我一樣得幫忙。有一次，我提水時不小心割傷手指，即使是最疼愛我的阿公，也沒有大呼小叫或叫我不要做事了，而是很平靜地跟我說：「受傷了嗎？趕快去包紮。」

這種種經驗，讓我日後也習慣用平常心來面對逆境，而不是被滿滿的負面情緒占據。

贈人玫瑰，手留餘香

先天的性格、家庭教育是奠定正面思考的基礎，但能否常保正面思考的習慣，後天的鍛鍊也很重要，而我的訓練方式就是分享，定期跟他人分享自己生活中的美好經驗。

為什麼分享如此重要？

我發現，每個人的日常生活裡充滿了各種點點滴滴，各有

不同的滋味，如果沒有特別記住，很容易就從記憶中消失。但是，如果我們有分享正面經驗的習慣，就會開始留意這些美好時刻，甚至將逆境轉化為學習的機會，進而體悟，其實活著的每一天，都是上天給我們的禮物。

如此一來，不但聽的人獲得鼓勵，分享的人也會累積正面能量，所謂「贈人玫瑰，手留餘香」，就是這個道理。

我的分享機制有兩類：線下，以及線上。

線下的分享，就是人跟人面對面的交流，像是讀書會、分享會等形式；線上的分享，則包括臉書、IG 等各種社群媒體。

大概在三十年前，我開始在公司內部，針對同仁舉行小型講座，慢慢發展到現在，成了每個月大約十五場的「佳人有約」，對象除了同仁，還擴大到社會大眾。這是我主要的線下分享機制。

早期的「佳人有約」，在我分享之後，通常會請聽眾舉手發問，可想而知，發問的人一定不多。後來我改變做法，讓聽眾用紙條發問，反應就熱烈許多，題目更是五花八門，包括了婆媳、夫妻相處之道等，而我就透過回答問題的方式，引導大

家用正面的角度去看事情。

此外，隨著社群媒體蔚成風潮，我也跟上潮流，在臉書上開了帳號，不定期分享在工作、生活中所遇到的感動。我的目的不是成為網紅，而是要求自己養成習慣，保持正面的心態，即使遭遇逆境或窘境，也能夠氣定神閒，從容以對。

享受當下的每一刻

正面思考有什麼好處？

首先，我們會變得比較快樂，附帶的紅利是更健康、更長壽。美國波士頓大學有研究發現，以正面、積極態度生活的人，平均壽命比一般人最高多出15％，而美國耶魯大學的研究也顯示，樂觀的中老年人比悲觀者平均年齡多了七年半。

另外，大多數人都喜歡跟積極樂觀的人相處，正面思考的人不會鑽牛角尖、牢騷不斷，在別人眼中是比較可愛的人。

前一陣子，我在中國大陸出差，要從無錫搭計程車到上海。等車的旅客大排長龍，排在我身後的是一對夫妻，太太非常煩躁不安，即使先生一直在安撫，她還是嘀嘀咕咕，抱怨個

沒完。因為她一直貼著我的身體，我不由得多看了她一眼，先生趕緊跟我道歉：「不好意思，因為她年紀大了，都六十了，所以比較焦慮一點……」

其實，我比他太太還年長五歲，同樣也等了快三十分鐘，我卻沒有碎念個不停，因為正面思考的能力可以幫助我轉換心境，享受當下的每一刻。

人不可能不老，心態卻可以決定自己以哪一種狀態老去，透過分享機制，為自己灌滿正向能量，就能老得很快樂、老得很可愛。

4 整理族譜、家訓 傳承無形資產

　　我讀過一篇文章，作者提到，每年年夜飯後，他們家總有一個特別活動，就是在牆上貼白紙，畫一株高大的家族樹，每位家族成員在其間尋找屬於自己的位置，然後填上名字。透過這樣的活動，家族情感得以凝聚，精神也能代代傳承。

　　這樣的活動真的很棒。

言傳身教家族傳承

　　在時間的長流中，沒有人能憑空出現，有前人的傳承才有今日的我們，當我們更了解自身家族的歷史、知道自己從哪裡來，才能更清楚自己未來該往何處走。

　　在我父親身上，我深深體會到傳承的力量。

父親來自醫生世家，他的父親是醫生，他的四個兄弟姊妹也都是醫生，我父親原本從事教職，是家中罕見的異數。誰也想不到，多年後，他在四十歲的「高齡」，毅然放棄多年的教師資歷，到日本從頭學醫。我相信，這多少是家族傳承對他帶來的影響。

　　我雖然沒有學醫，但是父系那一支是書香門第，無形之中，也規範了我為人處世必須知書達禮。

　　至於母系這邊，外祖父從跑船起家，可以說是不折不扣的生意人，但是我從小看他樂善好施，大方幫助困苦之人，耳濡目染下，我在進入保險業之後，每年都將收入的十分之一捐出來做公益，而且帶著同事做公益，也邀請客戶共襄盛舉。

　　這份對於助人的信念，正是來自外祖父的傳承。

　　然而，身傳言教，畢竟有時間和空間的限制，我認為，家族傳承的最佳工具是族譜。

　　家族中有位熱心的堂哥，也整理了家譜，我看著一代又一代的紀錄，也跟著一路回溯，了解自己的家族如何到台灣落地生根。

或許有人認為，族譜不過是一連串的人名，平時也不太會去翻閱，但是我相信，族譜的存在，本身就是一個重要的象徵，提醒我們這一生必須活得精采，才能在族譜上留下燦爛的一筆。

同在家族樹上的緣分

　　有些家族的族譜年久失修，甚至根本沒有族譜，50$^+$族群做為家族的中堅份子，可以從自己開始著手整理。特別是現代人平均壽命延長，長輩大部分還健在，我們可以藉著跟老人家聊天的時候，挖掘出相關的故事。

　　比方說，我先生他們家沒有族譜，若我婆婆還健在，我就可以問她，我先生祖父那一代的事情，說不定她連我先生曾祖父那一代都還有印象，如果好好整理，上上下下算起來，可以建構五、六代的族譜了。

　　現代社會的生活型態就是各忙各的事，即使是同一家族的人，平時也不太來往，變得比同事更疏遠。透過整理族譜，則可提供我們認識家族成員、促進感情交流的機會。試想：世上

有成千上萬的人，而這些人跟你同在一株家族樹上，如此難得的緣分，不是應該好好珍惜嗎？

立家訓和字輩

正式的族譜中，通常也會記載家訓。家訓是先人留給子孫立身處世、持家治業的教誨，代表這個家族代代相傳的「中心思想」。

我會開始重視家訓，是受一位北京朋友的啟發。

我認識這位朋友二十多年，對他的印象一直很好。某一天在閒聊時，我隨口問起：「你十歲的兒子都在做些什麼？」他便告訴我，他兒子最近在背家訓。

這是我第一次聽到父母要求孩子背家訓，感到十分好奇，於是他打開手機頁面，把家訓秀給我看，除了有條文式的家訓，底下還有四字一組，像詩一般的句子。

朋友告訴我，這些句子就是「字輩」，主要是用於取名，通常會是名字的第一個字，不同的輩分會用不同的字，像他這一輩是「祖」，兒子這一輩則是「哲」。同姓宗族只要看名

字，就能了解彼此的輩分。

不論是家訓還是字輩，都是學識淵博、生命歷練豐富的先人，留給後代子孫的期許和勉勵，而字輩還多了一個連結同姓宗族的功用。遇到陌生的同姓之人時，發現對方跟自家使用相同的字輩，就知道來自同一個家族，連彼此的輩分關係也能對上，一下子便能拉近距離。

看過這位北京朋友的家訓和字輩，我也想效法，建立屬於我家的家訓和字輩。而且，我還有個特別的想法，就是結合家訓和字輩，用字輩的方式來呈現家訓，我認為這麼做應該有助於後代子孫牢記家訓。

坦白說，要讓字輩中的每一個字都呼應一則家訓，是件大工程，因此我目前還在搜索枯腸中。另外還有一個考驗，就是要說服下一代同樣堅持以字輩命名的傳統。

像我先生這一代的字輩是「英」，兒子這一代是「世」，孫子這一代是「永」，不過，二媳婦來自香港，「永」字用廣東話念起來不好聽，因此她一開始對孩子的命名有點意見。

長談之後，媳婦明白我維繫這個傳統的苦心，最後我們找

出折衷方法，孩子名字中依然保留「永」字，但是平時二媳婦就叫孩子小名「JJ」，兩種稱呼並存，問題就解決了。

傳承並不是件容易的事，光是取名字，就可能因為各種顧慮而中斷了字輩，遇到世代觀念出現落差時，身為長輩的我們除了要堅持，同時也得耐心溝通，讓晚輩了解傳承的重要性。只要雙方都保持善意，一定能找出兩全其美的方法。

鼓勵客戶寫家訓

講到家族傳承，很多人會想到金錢、股票、房地產等有形資產，事實上，要保持家族興旺，家訓、人脈、品牌等無形資產，更是不可或缺。

我特別重視家訓，因為家訓代表世代之間的價值傳遞，只有當價值一以貫之，人脈、品牌才能傳承下來，基業常青的願望也才可能實現。

從事保險多年，我看到不少富不過三代的例子，這給我很大的感觸。因此，我希望磊山的團隊在面對客戶時，不只是向客戶銷售保險，也能提供家族傳承的完整觀念。因此，大概從

兩年前開始，磊山首開業界先例，開設了「家族傳承班」。

洛克菲勒的十條家訓

我們鼓勵客戶寫家訓，但是考慮到自創家訓並不容易，於是團隊蒐集了一些家訓的範本，供客戶參考。過去找到的家訓，多半來自中國古代，其實在西方也有類似的傳承，我在網路上看到美國石油大王洛克菲勒留給子孫的十條家訓，覺得很值得借鑑，便貼在臉書上分享。

一、世界上沒有一樣東西可取代毅力。才幹也不可以，懷才不遇者比比皆是，一事無成的天才很普遍；教育也不可以，世界上充滿學而無用的人。只有毅力和決心無往不利。

二、熱愛工作是一種信念。懷著這個信念，我們能把絕望的大山鑿成一塊希望的磐石。如果你視工作為一種樂趣，人生就是天堂；如果你視工作為一種義務，人生就是地獄。

三、收入只是你工作的副產品，做好你該做的事，出色完成你該完成的工作，理想的薪資必然會來。而更為重要的是，

勞苦的最高報酬不在於我們所獲得的，而在於我們會因此成為什麼。

四、借錢不是件壞事，它不會讓你破產，只要你不把它看成像救生圈一樣，只在危機的時候使用，而把它看成是一種有力的工具，你就可以用它來開創機會。

五、建立在生意上的友誼，遠勝於建立在友誼上的生意。往上爬的時候對別人好一點，因為你下坡的時候會遇到他們。

六、要管理和運用金錢，你必須樂於親自動手、親自管理數字，不能只是空談管理和策略。上帝表現在細節之中。

七、不靠天賜的運氣活著，但靠策劃運氣發達。好的計畫會左右運氣，甚至在任何情況下，都能成功地影響運氣。

八、一旦避免失敗變成你做事的動機，你就走上了怠惰無力的路。

九、藉口把絕大多數的人擋在成功的大門外，百分之九十九的失敗都是因為人們慣於找尋藉口。

十、無論是要贏得財富或贏得人生，優秀的人在競技中想的不是輸了我會怎樣，而是要成為勝利者我應該做什麼。

據說這十則家訓，是從洛克菲勒廣為流傳的三十八封家書中整理出來，用字樸實無華，卻相當發人深省，對於想寫家訓的人，是很好的參考範本。

繼承了什麼？傳承了什麼？

坐擁龐大資產的家族必須做家族傳承，即使是一般人，也有家族傳承的責任。

生命的意義在於承先啟後，透過整理族譜、寫家訓，可以幫助50$^+$族群好好思考：這一生，我們從前人身上繼承了什麼？未來又該留下什麼傳授給後人？

人生短暫，如果我們能完成傳承的使命，讓美好的價值長流不息，就是對自己的家族及這個社會最大的貢獻了。

5 練習靜心，活在當下

你聽過「神聖舞蹈」嗎？

神聖舞蹈，又稱為葛吉夫動作（Gurdjieff Movements），是十九世紀神祕學家葛吉夫於亞洲旅行時，在一些神祕學院裡所發現的古老寺廟之舞。

幾年前，我曾經在優人神鼓的工作坊體驗神聖舞蹈。光看名字，或許會以為那是仙樂飄飄的舞蹈，事實上，那是一連串拆解身體慣性、有明確節拍的動作，有點像是金庸小說裡左手畫方、右手畫圓的練功方式。

練習神聖舞蹈時，你必須非常專注於當下的每個動作，只要心思一飄走，就會開始手忙腳亂。我發現，這是一種幫忙現代人靜心的絕佳工具。

我們所身處的社會，資訊爆炸、節奏快速，每個人既忙碌又焦慮，即使身體休息了，腦袋仍無法「關機」，這也是為什麼有失眠困擾的人那麼多。

相較於其他年齡層，50⁺族群要煩惱的事特別多，他上有高齡父母，有長期照護的負擔；下有成年子女，要關心他們求學、就業、婚姻；如果自己的工作、婚姻也出了狀況，各種壓力相互拉扯，就像是強風暴雨中的樹，隨時都搖搖欲墜。

樹要站得穩，根就要扎得深。「心」就是我們的根，只要把心安頓下來，面對外界的紛紛擾擾就能夠鎮定、沉著，從壓力中解放。

為什麼要自討苦吃？

為了幫自己靜心，我試過不同的方式，禪修是其中之一。

大概三十多年前，向來對我疼愛有加的外公過世。與摯愛親人死別的痛楚，讓我心情低落，久久難以平復。

因緣際會下，我的大學同學阿敏認識了台南鹽水慈德禪寺的住持，她覺得對方神似我外公，在沒有刻意提及的狀況下，

她建議我去那裡參訪。

一個週日，我來到慈德禪寺，第一眼看到住持時，便不禁潸然淚下，他的神態、威嚴真的跟我外公很像。因為這個緣分，我後來經常到慈德禪寺聽課，並在寺中皈依。

我人生中第一次禪修就是在慈德禪寺。坦白說，那次經驗不太好，禪修中很重要的一個環節是打坐，而我只要一盤腿打坐就覺得全身不對勁，各種負面念頭不斷冒出來：「到底是誰發明這麼不舒服的姿勢？」、「我為什麼要來這裡自討苦吃？」禪修七天，我就在心中嘀嘀咕咕了七天。

雖然初體驗不算成功，我反而因此好奇，為什麼有這麼多人熱中禪修？於是我又參加了一次。

這次禪修時我發現，當打坐時間久了，有人支持不住，身子漸漸向前傾，師父就會到他身後，用香板拍打他的背，於是當我的背也開始前傾，師父同樣用香板在我背後迅速一擊，沒想到，原本腰痠背痛的我竟然頓時覺得舒坦許多。

經過這次經驗，我對禪修完全負面的評價慢慢改觀。

後來，我去日本探望乾兒子時，在他的邀請下，體驗了當

地正眼寺所舉辦的禪修。

三天兩夜的活動中，自然少不了盤腿打坐，除此之外，禪修者還要參與環境整理。印象最深刻的是，庭院中種植了蓊鬱的黑松，我們的任務是徒手拔除松葉。松葉片長得細長尖銳，必須全神貫注在手上的動作才不會遭刺傷。

我還記得，隨著摘除一片片松葉，我的心情逐漸平靜，不知不覺間，整個世界好像只剩下自己和眼前這棵松樹、這片葉子。所謂「活在當下」，應該就是這種感受。

吃飯時吃飯，睡覺時睡覺

在慈德禪寺打禪七時，師父讓每位學員向他提一個問題。我早已忘了別人問什麼，但是一直記得師父和我的對話。

我問師父：「如何化解煩惱？」

師父的回答很禪意：「就是，吃飯的時候吃飯，睡覺的時候睡覺。」

當年我聽不懂他話中的含義，隨著年紀漸長才慢慢體悟，師父所言，就是活在當下。

人有煩惱，往往是因為放不下過去，或是對未知的將來感到恐懼，事實上，只有當下這一刻才是我們能夠抓住的，讓自己活在當下，就能放下執著，心無罣礙。

有生氣地活著

我曾經因為養病而參加靜養營隊，對我來說，那是從另一個層面啟發我活在當下的意義。

二〇〇一年，我罹患子宮頸癌，開刀之前，醫院又發現我有甲狀腺亢進，不能立即開刀，必須先進行靜養。

透過介紹，我參加了一個以癌症病人為對象的靜養營隊，每次八天，我前後參加了三次。由於是團體生活，什麼時候該活動、什麼時候該進餐，一天的作息都規定得非常清楚，其中最特別的就是飲食。

我們每餐素食，而且是生食，一到用餐時間，學員就會收到一個臉盆般大的碗，裡面裝滿各種蔬菜，連一般觀賞用的杜鵑花也在其中。

當時我事業剛起步、孩子又還小，突然遭遇罹癌，內心的

衝擊可想而知，參加這樣規律的靜養營隊，對於平撫心情的確幫助很大。不過，在第三次營隊時發生了一件插曲，讓我突然間警醒。

記得是在晚餐後的分享時間，幾乎每個人都說，自從來了這個營隊之外，狀況好轉許多，然而我環顧眾人，卻發現大家都是一臉菜色，黯淡無光，我不禁心想：「這樣活著，真是沒有意思。」

我當然知道，癌症患者不可能容光煥發，但是如果持續參加這個營隊，最後變得跟其他人一樣了無生氣，卻不是我所期望的。

從那之後，我就不再參加營隊了，也時時提醒自己要過得盡興盡情。即使在病中，我們也可以開心地裝扮自己、製造生活樂趣，把握每一刻時光，想做什麼就去做，這樣的人生才有活下去的價值。

發展專屬的靜心模式

無論是神聖舞蹈或禪修，都是透過靜心的練習，引導我們

進入活在當下的境界，不過，卻不限於這些活動。

　　日常生活中也可以練習靜心，而且每個人都可以發展出屬於自己的靜心模式。

　　比方說，我會在飯店裡關上一整天，不上網、不開手機，甚至自己帶食物進去，如此一來，連叫客房服務都不必，盡可能斷絕和外界的聯繫。

　　經過這樣歷時一天的小閉關，我可以完全沉澱心緒、安靜下來，隔天退房離開時，感覺整個人又重新充滿了能量。

　　如果連小閉關的時間都沒有，我還有一種快速靜心的方式，就是獨自走進人潮中。很奇妙的是，人群愈吵，反而愈有助於我集中精神，摒除雜念。平常工作中，如果遇到難以決策的事，有時候我就會躲進外出午餐的擁擠人群中，靜靜思考。

不糾結過去，不憂慮未來

　　我對靜心，總有不斷的追求。未來，我給自己一個挑戰，是到台灣內觀中心參加十天閉關。閉關十天，意謂著在十天內不但得跟外界隔絕、過午不食，而且學員之間不能交談，力求

身體、言語及意念的靜默，難度很高。

　　我的老同事昔霞，就有定期閉關的習慣。昔霞原本從事服務業，轉換到保險這個新戰場後，曾經歷一番心路歷程。多年來，我看著她愈來愈沉穩內斂，想必從閉關中獲益良多。

　　因為身邊有她這個好例子，更加深了我一探究竟的好奇心。然而，現階段的我經常出差、四處開會，要抽出完整十天來閉關，實屬不易，但是在我的人生心願清單上，閉關絕對是必須完成的項目。

　　當心靈真正安頓了，不再糾結過去，也不會憂慮未來，全心專注於此時此刻，我們就能好好享受人生。

6 幫助他人完成夢想

秋風送涼的十月，對磊山人來說，是一個音符飄揚的美好月份。

十月上旬，我們在大安森林公園舉辦「磊山草地音樂會」；十月下旬，在大佳河濱公園，則有為期三天，由風潮音樂主辦、磊山贊助的「世界音樂節＠臺灣」。

對我來說，這兩個音樂活動，除了可以欣賞天籟般的音樂演出，還有一個共同的意義，就是「幫助他人完成夢想」。

在一起，更美好

在「草地音樂會」中擔綱演出的是台北市民交響樂團，這是一個由台北市音樂愛好者所組成的民間樂團，成員來自四面

八方，包括了醫生、老師、科技人。他們樂於分享自己在音樂中所獲得的感動，因此經常從事公益演出，希望用音樂為社會帶來正面溫暖的力量。

當夥伴來介紹他們的理念時，我一聽，立刻覺得這個夢想很有意義，也很適合我們。

磊山的企業理念是「在一起，更美好」，支持公益音樂會，不僅幫助樂團完成夢想，也可以讓更多民眾享受音樂，將我們的理念落實得更深遠。於是，磊山從二〇一七年開始，與台北市民交響樂團合作「草地音樂會」，除了出錢，也派出大批志工支援。

二〇一九年的這場音樂會，台北市民交響樂團又帶來了好多精采的曲目，像是電影《玩命關頭》的配樂、〈紐約紐約〉、〈馬奎茲二號舞曲〉、〈賽維亞理髮師〉、〈雷鳴與閃電〉、〈鄉間騎士間奏曲〉等，台下觀眾聽得如癡如醉。

當夜色低垂，氣氛來到高潮，大家隨著節奏擺動身體，甚至拿出手機當作螢光棒搖曳，就像明星演唱會上一樣星光點點。相信台上的樂手看到這樣的場面，應該也很開心，覺得很

有成就感。

參與他人的生命歷程

相較於「草地音樂會」的溫馨,「世界音樂節＠臺灣」則是盛況空前。

風潮創辦人楊錦聰是我的好友,也是個有很多夢想的人。有一天,他興沖沖找我喝咖啡,說想辦一個音樂嘉年華,在這個歡樂慶典中,要有各國的特色音樂團體演出、有各種樂器的演奏、有民眾同樂的工作坊,當然還有好吃好喝好玩好買的生活市集。這樣的活動,一定可以豐富台灣民眾的音樂體驗。

他說得眉飛色舞,我也聽得興致勃勃。不過,籌辦這種規模的活動是個大工程,楊錦聰沒有經驗,對於音樂之外的活動執行細節,他幾乎毫無概念。

磊山是一家社團型的企業,辦活動是我們訓練夥伴、提升生命經驗值的方式,多年下來已累積了豐富的實戰經驗,我知道,我們正好可以補上風潮缺少的一塊,圓滿一個音樂國際村之夢。

二〇一六年舉辦的第一屆「世界音樂節＠臺灣」，在大佳河濱公園的綠草地上，搭起大大小小的舞台、上百頂帳篷；音樂從各處流出，有台灣的在地創作、有日本的絢麗三味線、葡萄牙的經典女聲、印度的坦布拉鼓……，無論傳統經典或流行跨界，每個人都能聽到、看到自己喜歡的音樂演出。

　　秋日午后，當我看到有人隨著音樂跳舞，三五好友互相分享異國美食、一起挑選手作藝品，還有父母帶著小孩在綠草地上野餐、追逐嬉戲，心中感動不已，這個活動不僅讓人因為音樂而認識世界，也讓人因為音樂而歡聚在一起。

　　到去（二〇一九）年為止，「世界音樂節＠臺灣」已邁入第四屆，表演團隊近二十組、市集攤位衝破一百家，參與人次也年年成長，從第一屆的三萬翻倍到六萬。當然，隨著活動贊助者增加，風潮也累積了許多辦活動的經驗，但我們仍然是彼此不可或缺的追夢夥伴。

　　這並不意謂著，「世界音樂節＠臺灣」沒有磊山就不能完成，我相信，一個人如果真心願意，沒有實現不了的夢想，尤其以楊錦聰的毅力，只要是他想做的事，一定做得到。只是因

為我們的加入，這個音樂夢想增添了不同的色彩。

磊山除了贊助資金，還派出兩百名志工，支援「世界音樂節＠臺灣」現場的秩序維持、動線引導，隨時給遊客一個大大的笑容和他所需要的協助，讓一個原本屬於文青的藝術活動，擁有了人情溫度。

每天閉幕時，這兩百名志工還在出口處排成兩道人牆，和遊客熱情揮手，高聲相約明天見。許多人走過這條歡送大道，都感受到無比的尊榮與溫暖。這個儀式在各國嘉賓中傳為美談，後來也被其他舉辦世界音樂節的國家效仿。

在這世上，每個人都是個獨立的「我」，唯有參與彼此的生命，才能把「我」豐富成「我們」。我認為，參與他人生命最美好的方式，就是幫助對方完成夢想。

最佳追夢支援

畢竟資源有限，我們無法像支持上述活動般，對每個需要幫助的夢想出錢又出力，有的時候，贊助也是很好的方式。

二〇一六年，我們得知中華溜冰代表隊因為缺乏經費，

無法出國參加比賽，於是磊山首次支持運動賽事，贊助兩位國手、一位教練，以及首次取得世界級參賽資格的和平高中溜冰校隊，共計七名中華代表隊成員，讓他們無後顧之憂，代表台灣出征世界盃及亞洲盃賽事。而他們也不負眾望，拿下亞洲盃雙人花式冠軍。

說起來，我跟溜冰這項運動有個小小淵源。兩個兒子小時候曾經學溜冰，當時一起學習的夥伴中，有一位就是後來跑出四大極地超馬總冠軍的陳彥博。

我經常送孩子到溜冰場，也看著彥博一路長大，剛開始他要參加國際比賽，需要企業贊助，曾經來找我。他含蓄地說，請我幫忙看提案簡報，我沒想太多，就照他說的，認真幫忙修改簡報內容。

後來我讀到他的書，提及起步時經費不足的困境，才意識到他當時應該是希望我贊助，大概是彼此太熟了，反而不好意思直說，而我也太遲鈍了，錯過幫助他完成夢想的機會。

不過，換個角度想，金錢並非幫助別人的唯一方式，對大部分50$^+$的人來說，成熟的專業、豐富的人脈，也是幫助他人

追夢的最佳資源。

簡單的事情困難做

優人神鼓創辦人劉若瑀是我的好友，她的女兒小ㄈ（陳紫綸）想去義大利，跟隨波蘭劇場大師果托夫斯基（Jerzy Grotowski）嫡傳弟子理查茲學戲劇，這一趟學習，需要四十萬元的經費。

這筆經費說少不少，說多也不多，身為長輩的我們，直接贊助並不難，但是我卻有不同的做法。

在劉若瑀的信任下，我請小ㄈ以簡報的方式，向十位長輩講述自己出國學習的初衷，爭取每位贊助四萬元。我協助安排五位，加上我，一共六位，她則負責尋找其他四位。

為什麼要把簡單的事變困難？我認為，小ㄈ未來將是台灣戲劇界重量級的人物，趁著籌備出國經費的機會，正好可以讓她好好思考自己的定位，以及學成後要為台灣帶回什麼。

小ㄈ當時年紀還小，我並不期待她在簡報中能講出什麼大道理，然而，透過思考、整理以及和長輩的問答，將會為她帶

來啟發。

這時候，比起贊助經費，引介擁有智慧的長者更為重要。

妳拿什麼護照？

我幫小ㄈ邀請的五位長輩中，一位是保險行銷集團董事長梁天龍。梁董事長是我非常尊敬的前輩，能向他求教是很難得的機會。小ㄈ去見他時，梁董事長認真地問了好些問題，最後他問：「妳拿的是什麼護照？」

「中華民國護照。」

「很好，那要記得回來。」

梁董事長的深切叮嚀，一旁的我也十分感動。

透過十位長輩的贊助，小ㄈ順利前往義大利留學。學成歸國後，她曾擔任金石優人藝術總監，之後以自由表演者的身分，持續進行各種演出計畫，創作能量源源不絕。

最近一次看到小ㄈ的新聞，是在第十屆總統文化獎頒獎典禮上的演出。舞台上的她，一身清新的白衣，在樂團和聲中，悠悠吟唱自己創作的〈謝飯歌〉，那樣充滿感恩與敬意，讓人

十分動容，不禁也開始反思自己和世界的關係。我相信，每位幫助過她的長輩，看到這一幕都會感到十分欣慰。

讓世界多一朵美麗的花

夢想就像種子，可能開花結果，也可能因為缺乏水和養分而黯然枯萎。如果我們能幫忙澆一點水、施一點肥，這世界就會多一朵美麗的花。

不論是想辦音樂節的楊錦聰、想出國比賽的花式溜冰選手，或是想挑戰極地超馬的陳彥博、想去義大利學戲劇的小ㄈ，因為曾經參與他們的追夢歷程，看到他們完成夢想，我也與有榮焉，分外喜悅。

所謂「贈人玫瑰，手留餘香」，應該就是這種心情吧。

而且，透過幫助他人圓夢，「我」變成了「我們」，人與人之間有了更多正面的連結，我們跟這個世界的關係也會變得更和諧、更美好。

7 從事帶狀公益
陪伴生命成長

有一年，定居美國的妹妹回來，我和她到北投的少帥禪園去逛逛。

「這裡收藏了一張紅眠床，很像是我小時候睡過的那張！」我興沖沖地拉著妹妹去看那張紅眠床，突然間，牆上一面大旗映入眼簾，紅面金線，繡著「德樂軒」三個大字。

我們姊妹倆頓時情緒激動，坐在階梯上猛掉眼淚。

收養五十多位孤兒

記得小時候，每次家裡拜拜，都會準備很多豬肉牲禮。祭拜結束，阿媽就把豬肉切成絲，加上油蔥，煮成一大盆超級好吃的「飯湯」，布施給路人享用。出這個點子的人是我阿公，

煮飯湯、分飯湯的是我阿媽。他們樂善好施，扶弱濟貧，是我親眼見證的大愛。

阿公最讓我敬佩的是，他經商發跡後，只要遇到孤苦無依的孩子，就會把他們帶回家照顧，人數最多曾高達五十幾個。這些孩子小的時候，阿公提供吃住，讓他們衣食無虞，等他們長大了，還幫他們安排出路，有些人當了警察，有些人進入消防隊，另外有些人成立陣頭社團，靠著在廟會表演圖個溫飽。

這個陣頭社團的名稱，就叫作「德樂軒」。

如今，阿公已經過世多年，當年他照顧過的那些孩子也離散四處，失去聯繫。然而，再度看到「德樂軒」這三個字，我又再一次深深感受到阿公所留下的風範。是他，教會了我人生的價值和意義。

我始終記取阿公的大愛精神，投入保險業後，便希望集眾人之力做更多善事，因此在一九九〇年成立了「磊山慈愛社」。

一開始，這只是內部的公益社團，從事慈善勸募，但是不經手任何善款。後來，隨著參與的計畫愈來愈多，規模愈來愈

大，磊山慈愛社必須更組織化，於是在二〇一〇年正式成為社團法人。

因為集合了夥伴和客戶的能量與善心，一分錢、一分力都不能辜負，所以大家決定從事「帶狀公益」。

所謂帶狀公益，是指長期持續援助弱勢團體。這樣的規模比較龐大，也因此，每個援助計畫開啟之前，我們都會審慎評估，確認對方有長期發展的目標和可行性，再投入資源。

到目前為止，磊山慈愛社贊助了二十六個單位，包括「原聲音樂學校」（簡稱原聲）、「撿回珍珠計畫」、「孩子的書屋」、「谷若思全人關懷協會」、「新巨輪服務協會」、「青少年表演藝術聯盟」（簡稱青藝盟）等，都是合作多年的夥伴。

一路陪伴這些團體，我們見證了他們的成長，也體驗到助人的幸福。

一上場就有掌聲

二〇一〇年，透過一支短片，我得知玉山山腳下有一位國小校長，帶領原住民孩子組成合唱團，唱出了天籟之音。我非

常感動，便透過管道，邀請這位馬彼得校長，來磊山人文講座演講。

當天，他帶著太太和三個孩子一起前來。我才知道，他們夫妻除了有一個親生孩子，又收養了兩個孩子。

馬校長出身布農族，灰白頭髮下有一張娃娃臉，說話時表情很生動。精采的演講結束，我們一起用餐，席間，他分享了創辦原聲的心路歷程。

馬校長年輕時，不曾意識到自己跟別人不同，直到有一次搭公車，因為沒有座位，他跟著大家一起手拉吊環站著，無意間抬頭往上看，發現大家的手是白色的，自己的手是褐色的，從此有了自卑心，總是盡量把手收進口袋裡。這段辛苦的成長經驗讓他體會到，自信心很重要。

後來他當了體育老師，希望用體育為原住民孩子找回自信心。一開始，他不斷鼓勵孩子參與體育競賽，但是後來他發現，每次比賽能上場的選手人數總是有限，而且贏了比賽才能獲得喝采，這樣的幫助實在太少、太慢，於是他想到合唱團。合唱團沒有團員人數的限制，而且一踏上舞台就有掌聲，正好

符合他幫助更多孩子建立信心的期望。

於是，看不懂五線譜、不會彈琴的馬校長，卯足勁自學，開始教孩子唱歌。

我能扮演什麼角色？

我聽著馬校長分享他這段經歷，同時也發現，隨著他同來的三名孩子，表現都非常有教養，而且馬校長對他們的態度一視同仁，若不是姓氏不同，根本分不出誰是親生、誰是收養，讓我對他的人格非常欽佩。當下，我心中便萌生了一個想法：「在馬校長偉大的計畫中，我能扮演什麼角色？」

為了更確定合作的可行性，我們又到馬校長家待上兩天一夜。每個週末，原聲團員便住到馬校長家，早上練唱，下午由台北來的名師補習英文、數學，吃飯、洗衣也是馬校長夫妻親自照顧。他的初衷並不是要訓練合唱團，而是希望藉著唱歌、吃飯，將孩子聚攏在一起，培養他們的能力和信心。

我們參觀了合唱團的練習與上課，很快便決定要贊助原聲。那時候，原聲剛成軍一年，知名度不高，甚至有村民懷疑

馬校長要拐賣小孩。

如今，原聲已經帶著天籟之音，前往上海世博會演唱、在義大利教堂獻聲、與威尼斯兒童合唱團一起演出。而磊山慈愛社仍是原聲的最大贊助者，每一場演唱，我們也一如以往穿上紅色制服，坐在聽眾席上默默支持。

看著原聲從「沒有聽過」到「名揚國際」，磊山的夥伴除了感到驕傲，更是備受激勵。

對許多夥伴來說，當初他們沒見過原聲，只是因為聽說的故事就四處湊錢捐款，卻因此參與了一群陌生人的生活，沒想到，也看到他們巨大的轉變，這是多麼棒的經驗。原來我們的付出真的能幫助到別人，原來這麼美好的成長和我們有關，回想起來，心中便有一股淡淡的幸福。

一張用保鮮膜包著的卡片

有許多感動，是從事帶狀公益才能經歷的。

磊山長期在中國大陸支持「撿回珍珠計畫」，這個計畫幫助的孩子，都住在偏遠落後的地區，甚至和爺爺奶奶相依為

命，他們雖然窮困卻非常優秀，只要能完成學業，就能改變自己和家人的命運。

這個計畫三年一期，我們除了支持孩子學費，也會到他們家裡探訪，即使車程要十幾小時，也不會遺漏任何一個家庭。但是因為人數眾多，我們無法也不曾重複探訪。不過有一年，就那麼巧，重複探訪了一個孩子家。

一位和我從事公益活動十四年的年輕夥伴回憶，那個家空蕩蕩的，只有簡單的家具，他們一走進去，就看到磊山送的一張小卡片，被孩子用保鮮膜包起來，貼在讀書的桌子前。一點點的付出就被如此珍惜，她內心無比激動，原來自己的生命很有價值。

當職場高峰已過、孩子逐漸離巢，有些50⁺的朋友會覺得自己失去價值。其實，當你投入公益活動，尤其是帶狀公益，你會在更多生命的成長中，發現人生的終極意義。

兒童及青少年的教育和發展，是磊山慈愛社特別關注的重點。二〇〇六年成立的青藝盟，帶領年輕人探索戲劇的世界，進而發掘自己的價值和天賦，也從二〇一六年起，成為我們的

支持對象。

青藝盟的創辦人余浩瑋曾經是個叛逆少年，蹺課、打架樣樣來，是師長眼中的麻煩人物。後來他遇到貴人，把他帶進劇團工作，他也因為愛上戲劇而找到自己的天空。

陪他一起成長

身為過來人，浩瑋想用自己的經驗，幫助其他迷途的孩子，於是他每年舉辦「花樣年華全國青少年戲劇節」，做為青少年戲劇交流平台；他也設計完整的培訓系統，希望透過戲劇表演，引導孩子體驗課堂之外的生命風景。

青藝盟的戲，由孩子寫自己的故事、演自己的情感，我曾為他們遭遇的殘忍家暴、被拋棄的恐慌而痛哭；當他們逐漸成長，參與劇團對外的接觸工作，我為他們大方得體的表現而欣喜；再看到新劇碼中，各種生活的溫馨場景、趣味表演，我哈哈大笑，開心他們終於走出傷痛的過往，重拾自己的青春。

浩瑋和我會定期見面吃飯，有時聊聊生活、有時談發展計畫，我們最關心的，莫過於這個組織能否永續生存，繼續幫助

孩子。過去，青藝盟的演出是不售票的，但是我認為，如果要長遠發展，一定要走上商演模式。

於是從二〇一八年起，青藝盟開始推出售票製作。因為是我提的點子，自然也有「票房壓力」，有機會就幫忙宣傳，慶幸的是票房表現還不錯。我有信心，浩瑋和青藝盟一定會走上光明大道。

因為從事帶狀公益，隨著時間推進，我們可以將彼此的理念落實得更深、更遠，比起一次性的四處投注資源，更能發揮改變的力量。

愛，讓我們聚在一起

透過帶狀公益的方式，我們跟好幾個公益團體長期合作。二〇一九年，為了迎接來年「磊山保經」的十週年慶，我突然有個想法 —— 何不整合這些公益團體，一起來為社會做點什麼？於是催生了「你、我、我們」公益音樂會。

剛開始提出這個點子，連我自己都覺得不可置信，要把優人神鼓、親愛愛樂、原聲童聲合唱團、孩子的書屋、弘道老

人福利基金會、南投仁愛兒少家園、新巨輪服務協會、青少年表演藝術盟，以及磊山的團隊，串連在一起，怎麼想都是不可能的任務。慶幸的是，我有一組執行力超強的同事，立刻成立「磊山夢幻公益團隊」群組，展開各項籌備工作。

過程中，先是遇到孩子的書屋創辦人陳俊朗過世，後來又有優人神鼓發生劇場火災，考驗不斷，然而，所有的團隊都沒有退出表演，眾志一心，完成了一場有舞蹈、擊鼓、提琴演奏、合唱、獨唱、詩詞吟唱的精采表演，這是我們送給這個世界的美好禮物。

比台上演出更感人的，是後台各種愛的畫面。

近三百位的表演者，年齡從八歲到九十歲，可以說是「老少同台、原漢共融」。從彩排開始，大家就會相互鼓勵、讚美，工作團隊更是用心照顧每位表演者。像弘道的爺爺、奶奶們不太能久站，當他們彩排完，還需要一點時間來確認位置，舞台總監就趕緊帶著技術人員，搬了椅子讓長輩們稍做休息。

由於這次的音樂會涵蓋多種表演形式，為了強化整體性，我們選擇用詩詞吟唱來串連每一段表演，這些詩作包括蔣勳的

〈祝福〉、〈願〉，三毛的〈如果有來生〉，以及孫維民的〈祝福〉等。

這幾首詩詞，點出了我們跟這些公益團隊合作的初衷，特別是蔣勳那首〈祝福〉，最後是這麼寫的：「生命既不是圓滿，也不是缺憾，不過是一個沉重的試驗，要不斷地用信仰來驅除無望，用愛來補償孤單。」

愛，就是我們相聚的理由。

找到內在的力量

我還記得，阿公晚年時，因為家道中落，家裡已經沒什麼錢，他過世時只能辦個簡單的告別式。想到他一生都在做善事，生命卻如此草率落幕，我心中頗為不平。

然而告別式那天，遠遠地，突然出現一群穿重孝的人，他們一路三跪九叩，到會場來祭拜阿公。我默默數了數，大概有五十人，我知道，他們應該都是阿公照顧過的孤兒。

看到這一幕，我突然領悟了，我實在不必為阿公忿恨不平，因為他無私的付出，人們以無價的尊敬來緬懷他。

如今，從事多年公益活動之後，我又有另一層領悟，當年阿公如果知道我的心情，必然會笑我傻吧，他的付出只是因為愛，而愛，會圓滿生命及它自己。

　　公益是無他求的事，門檻可以極高也可以極低，高到大規模的長期贊助、低到捐出一杯咖啡的錢，每個人都能做到。而透過奉獻，你將察覺「原來我也做得到，不是只有偉人才具備條件。那麼，也許我也很重要」，當你意識到這一點，就能找到內在的力量，開始往幸福的路上走。

8 保持好奇心 探索新世界

　　這幾年，台灣吹起熱氣球的流行風潮。大概二十幾年前，我就在美國坐過，而且是一次神奇的「天際迷航記」。

熱氣球驚險初體驗

　　那一年，我決定安排二兒子出國念書，因此特地飛到美國，參訪幾所不錯的學校。由於當時弟弟在伊利諾大學教書，考慮到兒子在當地有人照料，所以我也看了一間位於伊利諾州的學校。

　　目的完成，我閒著沒事，翻翻報紙，正好看到搭乘熱氣球的廣告。從未搭過熱氣球的我覺得很新鮮，想請弟弟帶我去，但是他得等到星期天才有空，而我一天也等不及，就決定自己

開車過去。

　　搭乘熱氣球的地點在一個廢棄的空軍基地，搭乘的遊客基本上都是家庭團，只有我是一個人來。工作人員也不在意，簡單說明了操作方法之後，連陪乘的教練都沒有，就放我一個人上去。

　　熱氣球慢慢升空，我凌空俯視大地，正覺得興奮時，突然風向改變，熱氣球開始往旁邊飛。

　　我不知道該如何應變，地面上的工作人員抬著頭，眼睜睜看著熱氣球中的我愈飄愈遠。

　　所幸，我來到一大片玉米田上空，這個地理環境看起來很安全，我趕快用自己僅記得的操作方式，讓熱氣球緩緩降落。之後，我就坐在玉米田上，一邊等待，一邊看風景，直到熱氣球廠商開著卡車來援救。

　　雖然是二十幾年前的事了，迷航的過程仍然歷歷在目。當時在熱氣球上的我一點都不覺得害怕，反而對於接下來會發生什麼事充滿期待。

　　除了勇於嘗試新的體驗，我也很熱中參與事物初次展開的

時刻，特別是開幕式。

蓄勢待發的悸動

二〇〇五年九月十二日，香港迪士尼樂園開幕。當我得知這個消息時，就決定開幕那一天一定要在現場。理由很簡單，全世界的迪士尼樂園就是那麼幾座，錯過這一次，下一次不知道何時才遇得到。

本以為迪士尼開幕當天，遊客就可以入園，事實不然。上午園內舉辦開幕典禮，沒有對外開放，我一早趕到，只能站在門外，從隙縫間，看著扮成米奇、米妮的工作人員，開始第一天的工作。他們舉手投足間難掩興奮之情，那畫面給了我很深刻的印象。

重大盛事的開幕式，如果有機會，我也會前往現場。不論是二〇〇〇年的雪梨奧運，或是二〇一〇年的上海世界博覽會，兩者的開幕式我都躬逢其盛。特別是雪梨奧運的開幕式，雖然不及後來的北京奧運壯觀，前屆奧運金牌選手弗里曼站在水中點燃聖火的場面，仍然令人十分動容。

多年前，我曾經到新加坡看過一級方程式賽車。坦白說，我對賽車是外行，箇中門道也不甚了解，但是我永遠記得，車子衝出起跑線前，那「轟轟轟」的引擎低鳴聲，那種蓄勢待發的興奮、期待感，大概就是開幕式讓我感到悸動的原因。

即使是一般公司行號、店家的開幕，我也喜歡參與。除了有第一天的新鮮感，開幕當天，難免還留下一些尚未完美的痕跡，正是這些不完美讓我體會到，開始一件事，不見得要萬事俱備；想要成事，大膽跨出第一步的勇氣，可能更為關鍵。

勇氣讓心靈回春

當我們年輕時，就像一張白紙，任由世界揮灑色彩，願意嘗試各種可能。然而，隨著年歲增長，我們累積了歷練，變得成熟而穩健，卻也可能習於待在舒適圈裡，或是自我設限，或是顧慮太多，不再有體驗新事物、探索新世界的熱情。

人不怕年紀老、身體老，最怕心態老，一旦心態老，就會變得消極、沒有希望，更加速身體的老化，成為真正的老人。保持對世界的好奇心，持續體驗新事物，找回面對未知的勇

氣，就是最好的心靈回春。

我在五十五歲那年，離開服務多年的保險公司，自己出來創業，成立「磊山保經」，又在六十二歲時著手開拓中國大陸市場，證明了五十歲後的人生仍然充滿各種可能。

坦白說，五十歲之後創業，不能說不是個冒險，而且那時候我已在保險公司連拿十年的銷售冠軍，生活過得很富足，但是我心中仍有不滿足。

砍掉重練

我的不滿足，來自於保險業務員這份工作的局限。我的客戶都跟了我很多年，隨著年齡漸長，他們有更多不同的保險需求，然而身為保險業務員，只能賣自家保險公司的保單，無法真正滿足客戶的需要。

而且，在業績的壓力下，有些業務員可能還是會強力推銷，說服客戶購買他並不需要的保單，這也不是我樂見的。

因此，我想轉型為保險經紀人，這樣就可以代理不同保險公司的保單，然後從客戶的立場思考，為他量身打造最好的保

險組合。

　　我的出發點很好，問題是在這之前，我並沒有當過保險經紀人，等於要砍掉重練。而且，要讓旗下的保險業務夥伴無後顧之憂，全心全力在前鋒衝刺業績，就必須打造完善的IT、後勤系統，對我來說，這也是全新的戰場。

　　即使眼前有那麼多挑戰，我還是下定決心，跟老東家遞了辭呈。

四十八位夥伴的支持

　　我原先並不打算帶走團隊中的任何人，因此對於要離職、開經紀公司一事，隻字未提。

　　沒想到，我早上才遞辭呈，下午就有七十份辭呈跟進，引起公司內部一陣騷動，我不得不召集這七十名夥伴開會懇談，告訴他們我創業的願景和風險，最後有四十八個人決定跟我走，其中好幾位的年薪已有七百萬，還是決定離開公司，和我一起打拚新事業。

　　剛開始，我連辦公室都沒有，摸索的過程中，一再感慨自

己真的是太天真了。然而，身上揹著這四十八名夥伴的信任，成為我必須走下去的動力，因此我稱他們為磊山的死士，沒有他們，就不會有今天的磊山。

神奇的默契

其實，「磊山」原是我在老東家時團隊的名稱，在業界相當有名，我自立門戶後還能繼續沿用，背後有個插曲。

在我考慮離職成立公司之時，同時幫大兒子辦了婚禮。婚禮那一天，我的好夥伴謝忠達，在典禮開始後才匆忙趕到。我原本有點不高興，不過當我知道原因後，心中滿是感動。

謝忠達說，他在前來婚禮的路上突然心血來潮，就去把「磊山」這個名字登記註冊。當時，我對於要出來開公司的事守口如瓶，謝忠達當然也不知道。

後來我提出辭呈，前東家果然想卡住「磊山」這兩個字，沒想到已被我們搶先了一步。

事後，我好奇問謝忠達：「我什麼都沒說，你怎麼知道我要開經紀公司？」他回答：「我也不知道，就是覺得妳怪怪

的。」

只能說，人與人之間的默契，真的是非常神奇。

多位貴人慷慨相助

創業之初，我其實還是懵懵懂懂，有很多問題卻又不知從何問起。所幸我從入行以來都是戰戰兢兢，認真打拚，長官都很照顧我，在業界風評不錯，因此很多貴人都願意慷慨相助。

比方說，有位老長官後來到遠雄人壽擔任董事長，他聽說我開公司沒辦公室，就表示要借我辦公室；也有業界大哥本來是想趁機招攬我，反而成了我的諮詢顧問，詳細回答我的各種開業疑問；而曾經擔任保險經紀人商業公會理事長的鄭祥人，在彼此其實不熟的情況下，主動打電話給我，不但熱心解惑，還協助我申請執照，讓我在很短的時間內就拿到執照。

另外，我也獲得美國、澳洲、新加坡等地的高人指導，包括財務、管理等各個面向，都頗有啟發。其中有位頂級經紀人就告訴我，專業化的保險經紀絕對是潮流，因此，我很慶幸做了正確的決定。

隨著公司步上軌道，規模愈做愈大，隨之而來的就是擴張的挑戰。磊山有個特色，就是夥伴們平均年齡很年輕，我必須為他們著想未來的舞台，便開始規劃中國市場的布局。

最初是在上海設置辦事處，進行市場研究，之後跟雋天保險經紀進行戰略合作，協助他們發展外勤團隊，待時機成熟後，再自己成立保險經紀公司。

相較於一般台商是帶台灣的部隊去對岸發展，我的做法比較特別，是先在中國市場打造平台，未來再讓有企圖心的年輕夥伴過去一展身手。

別拿年齡當藉口

不論是成立保險經紀公司，或是以新方式開拓中國市場，對我來說，都是一個新的世界。面對未知，我的好奇和興奮多過恐懼，因為我總是會想到在新加坡看賽車時，低吼的車鳴聲所帶來的悸動，以及參加開幕式時的興奮期待和滿懷憧憬。

我必須承認，五十歲之後想開創新的事業，需要很大的決心以及水到渠成的機緣，安享晚年其實也是一種選擇。但是，

請不要用年齡做為自我設限的藉口，熟齡的我們，比起年輕時擁有更多時間、智慧及資源，可以去做更多新的嘗試，累積更多不同的體驗。

　　你可以開發新的興趣、培養新的嗜好，也可以投入公益，或是完成年輕時未能完成的夢想……。只要保持好奇心，勇敢去「開始」，美好的新世界仍然會為你敞開大門。

9 向五個人道歉、感謝 放下心中罣礙

　　我剛進入保險業時，曾經發生這樣一段插曲。

　　身為菜鳥業務員，做陌生拜訪是基本功。某一天下午，我經過一家小小的珠寶店，便進門自我介紹。店長一聽到我是做保險的，臉色立刻拉下來，毫不客氣地說：「你們這些賣保險的，根本都是詐騙。」

好好開始，清楚結束

　　當下我覺得被羞辱，爭辯了幾句，雙方話不投機，我悻悻然離去。晚上回到家，下午不愉快的感覺仍然縈繞不去。

　　但是，這家珠寶店就位於我固定做陌生拜訪的路上，隔壁甚至有我快要談成功的準客戶，這件事沒處理，每次經過，心

裡一定有疙瘩。當下我就振筆直書，寫了一封信向對方道歉，並希望她再給我一次機會，澄清她對於保險的誤解。信末，我附上了會登門拜訪的時間。

　　第二天一早，我趁著珠寶店還沒開門，把信封塞進鐵門底下。之後，我按照信中所寫的時間，帶著小禮物，準時來到珠寶店。坦白說，我並不知道對方看到信之後的反應，心裡多少有點忐忑不安。

　　我才來到門口，就看到那位店長對著門外翹首盼望，彼此目光一對上，不約而同都笑了。為了迎接我，她特別泡了一壺好茶。因為我寫了道歉信，第二次見面的氣氛愉快許多。雖然對方並未成為我的客戶，至少我們成了朋友，每次經過她的店，我就進去討杯茶喝。

　　我不管做任何事，都很重視有頭有尾，事情必須好好開始，也必須清楚地結束。珠寶店的那場不愉快，如果我沒有「結案」，任由它不了了之，就會變成我心裡的包袱，永遠無法卸下。透過道歉，讓事情畫上句點，放下心中的包袱，人生才能過得沒有遺憾。

有些人認為，道歉就是吃虧、示弱，因此堅持不道歉。其實有時候，道歉反而能讓我們在衝突中處於較有利的位置。

　　我認識某位企業家，因為事業做得很大，沾惹了一些利益糾紛。有一天，他在停車場遇到埋伏，一個人握著球棒，迅雷不及掩耳地朝他揮來，緊急中，他一面用手抵擋，口中連聲說：「對不起！對不起！」攻擊者沒料到他會道歉，當下愣住，企業家身邊的保鑣趁這個機會，迅速護送他進電梯離開，衝突才沒有愈演愈烈。

遭遇挑釁，選擇道歉

　　受到這個故事影響，後來我遇到同事挑釁，也是選擇道歉。

　　我跟那位同事從一開始就不對盤，雖然我是主管，她卻三不五時找機會惹惱我，我為了團隊和諧，總是強忍內心的情緒，盡量不跟她衝突。有一次，對方又發作了，突然在辦公室眾目睽睽之下，對我大吼：「李佳蓉，妳這個混蛋！」

　　我當然也可以吼回去，但當下還是選擇對她說：「對不起！」對方本來想引發一場唇槍舌戰，沒想到因為我的隱忍而

熄火。其他同事目睹了這一幕，認為我有風度，反而更支持我。我的道歉或許沒有化干戈為玉帛，至少讓原本可能一觸即發的火爆場面，迅速降溫。

另外有一次，有位同事氣沖沖地跑來興師問罪，原因是我每次進辦公室時都會跟其他人打招呼，卻對他不理不睬。同事的指控讓我一頭霧水，因為我只是在進自己的辦公室時，和附近座位的同仁打招呼，這位同事的位子不在我行經的路線上，自然不會跟他打到招呼，沒想到他卻為這件事氣了好幾個月。

其實我沒有做錯什麼，但是當下我還是跟他道歉，並解釋沒跟他打招呼的原因，絕對不是特別針對他。當然我也強調，我不太可能為了他改變動線，如果他願意主動出現在我面前，我一定會跟他打招呼。

道歉之後，如果需要做出改變，我只承諾自己做得到的事。因為一旦做出承諾，事後又辦不到，反而會更加深裂痕。

走過大半人生，每個人心中多少會堆積一些未放下的包袱，或許曾經興起「結案」的念頭，卻始終沒有付諸實現，一天拖過一天。

如果我們以「人生任務」的角度出發，要求自己向五個以上的人道歉，為了達成目標，就會比較積極行動。

我把人數訂為五個人，只是一個數量的概念，因為有了數量，目標才會變得更具體，相信多數人心中的道歉名單應該不會只有五個人，你願意「結案」的數量愈多，就愈能減輕內心的負擔。

做完自己能做的事，就是結案

最近，我便將道歉清單上的一個名字「結案」，放下心中一塊沉甸甸的大石。

幾年前，因為公司想往中國市場投石問路，我便請某位朋友幫我蒐集相關情報，他每有發現，就用LINE傳給我。後來，公司策略調整，我需要的資料方向已經不一樣了，自然而然就沒有再點開這位朋友的帳號。

我的LINE帳號每天湧入大量新訊息，未讀訊息爆增到八千多則，這位朋友的帳號被推到非常後面，我也就疏忽了。某天，我在整理訊息時，發現對方仍然持續傳資料過來，而我

長達一年沒給對方回應，這當然是我的錯。

我很想好好向對方道歉，卻好像一直找不到機會。不過，既然我要落實「向五個以上的人道歉」，便下定決心，寫了訊息給他：

「親愛的某某，昨天從美國放空十天歸來，終於鼓起勇氣好好看一下八千多則未讀的訊息（我很任性吧？）。好久好久不見，這一年真是飛快度過，謝謝你提供了這麼重要的資訊，你都好嗎？我今天又要飛出門，十月初有時間見面嗎？很想跟你聊聊。」

這封信我寫得很坦白，就是累積了八千多則的訊息未讀，所以一直沒有給他回覆，而我也表達了希望跟他當面解釋的誠意，至於對方願不願意接受，就由他來決定。慶幸的是，我這位朋友很有修養，也了解我的性格，他欣然接受我的邀約，我也會把握見面的機會，好好跟他道歉。

向人道歉只有兩種結果，被接受或是被拒絕。就機率來說其實是一半一半，不過很多人會著眼於被拒絕的那一半，而怯於採取行動。無論如何，當我道歉了，做完自己所能做的，對

我來說就已經「結案」，不必再牽掛了；至於對方怎麼反應，就不是我所能左右了。

感謝默默付出的人

相較於道歉，感謝就容易多了。每天從早到晚，我們能說謝謝的機會太多了，而且通常不會難以啟齒。不過，如果我們也要求自己向五個以上的人感謝，在我們思考這份名單時，說不定會發現，原本疏忽的人其實非常值得我們感謝。

有一次，跟大學同學聚會，其中一位女同學婚姻不太順利，整場聚會都在吐苦水，聽得我有點不耐煩，但是也必須強忍情緒，隨著其他人不停地勸慰她。

當天，我的老同學阿敏也在。回家後，想起這場聚會，突然記起自己剛結婚時，也是把阿敏當情緒出口，三不五時跟她發牢騷，如今我才體會到她一直以來對我的默默付出。我當晚就傳了簡訊謝謝她。

至於那位在眾人面前羞辱我的同事，也在我的感謝名單中。當初透過他人介紹，我將她帶進公司，不知為何，對方一

直視我為眼中釘，凡事跟我唱反調，讓我非常頭疼。我曾跑去跟長官商量，是否能將她調離我的單位。

長官勸解我：「佳蓉，人生有很多種貴人，有一種叫作『負面貴人』，是來磨練妳、考驗妳的。她就是妳的負面貴人。今天妳請走了她，會有另一個負面貴人出現，倒不如學習適應她。」

這番話我謹記到現在，不得不說，她真是我的負面貴人。我的事業一直都發展得很順利，但是因為有她不時帶來的挫折，我才不至於太驕傲。我很感謝她長期扮演反對者的角色，讓我不得不鞭策自己更茁壯強大。不過，為了避免觸怒對方，這份感謝只能放在心裡。

人生中總有大大小小的事，有些很緊急，有些很重要，向人道歉、感謝或許不是那麼緊急，卻很重要。對我來說，透過道歉，我放下心中的懸念；透過感謝，我看見事物美好的那一面。如此活著每一天，心無罣礙，並且幸福常在。

10 錄製人生畢業影片

死亡，曾經離我很近。

二〇〇一年，我被檢查出罹患子宮頸癌，卻因為甲狀腺亢進無法立即開刀，必須先調養身體。那段等待的時間，對我來說十分難熬。

那是我生平第一次開刀，心裡本來就忐忑不安，加上我有家族成員在開刀時對麻醉藥過敏，差點死在手術台上，更加深了我對手術的恐懼。

雖然如此苦悶，但我並沒有把罹癌這件事告訴任何人，連先生、孩子都瞞著，因為他們一旦知道了，我反而還要安撫他們，對我又是一大負擔。因此，我選擇把壞消息留給自己。

面對不知何時降臨的死亡，我決定錄製告別影片，內容

分為五個部分，對象分別是先生和孩子、娘家的家人、好友們（特別是閨密阿敏）、工作團隊；至於第五部分，則是安排在我的告別式上播放。影片要表達的，基本上就是我的惜別之情，並請大家珍重人生，好好活著。

錄製這樣的告別影片，很難不真情流露。我先生很會照顧人，但是我知道，他也很需要被照顧，如果我走了，短時間內如果他想再婚，一定會因為人言壓力而猶豫，但是他和兩個孩子都需要人照顧，所以我在告別影片中很明確地告訴他，請他一定要再娶，這是我生前能為他做的最後一件事。

幸運的是，我的癌症治癒了，這些影片沒有派上用場，甚至被我不慎遺失了。後來我曾經想再錄一次，但是或許因為缺少急迫性了，至今仍然無法完成。

將告別列入待辦事項

我們都有離開人世的一天，最大的遺憾，就是離開之前來不及告別。因此，熟齡的我們要把「告別」列入人生清單中的待辦事項。你可以寫遺囑、寫告別家書，或者像我一樣，用錄

影的方式，向所愛的人訴說最後的話語。

告別，是愛的表現，這是最後的機會，讓對方知道，他們對你來說是多麼重要。

過去，死亡是禁忌的話題，一般人都避而不談，不過現在社會風氣已經改變，甚至還出現「生前告別式」，鼓勵大家在生前就把握機會，和所愛之人鄭重說再見。

總有一天我們一定能重逢

熟識我的人都知道，我不喜歡以「我」為焦點的場面，所以不太過生日。生前告別式的立意雖好，但是一定以「我」為中心，因此並不適合我。

不過，對於自己的告別式，我有很多想法。有些人認為，反正人都走了，遺體燒一燒、骨灰灑一灑，就結束了，但這不是我的作風。我一直很重視儀式，對於人生最後的落幕儀式，當然馬虎不得。

比方說，我希望家祭和告別式（公祭）分開辦，家祭簡單、溫馨即可，而公祭（告別式）則形同我人生最後一場「創

業說明會」（OPP），要以「勸世」為訴求。

　　既然是OPP，公祭地點一定要選在圓山飯店，因為圓山飯店對我這個世代有一種國家象徵的意義，現場播放的音樂我也情有獨鍾，就是日本動畫《天空之城》片尾曲〈與你相隨〉的合唱版。

　　我第一次聽到這首歌，當下就熱淚盈眶，除了旋律磅礡，歌詞中「願望」、「出發」、「伴隨」等字眼，以及最後一句：「總有一天我們一定能重逢，讓地球載著我們走。」幾乎道盡了我想留給團隊的話。

用希望畫下人生句點

　　我對告別式有不同的想法，來自一位表妹的啟發。

　　這位表妹嫁到德國，後來因為胃癌病逝。我飛到德國參加喪禮，發現很多安排都打破我既有的認知，特別是告別式結束後，所有人聚到啤酒屋聊天，氣氛十分歡樂。

　　剛開始我有點不以為然，後來表妹夫告訴我，這是表妹的交代，她希望大家利用這段時間，聊聊他們所記得的她，用歡

樂為她的人生畫下句點。

經過這次的洗禮，我開始把告別式看成人生的畢業典禮，因此，來賓不必一身素服，大家可以穿著彩色服裝為我送行。儀式完成後，還要舉行一場歡喜的派對。

癌症癒後某一天，我和團隊在圓山飯店開會，趁此機會，我拜託多年夥伴謝忠達為我處理告別式，並且將上述想法一一交代給他。

謝忠達應該是生平第一次接到這種交辦事項，當下非常震撼，但也只能點頭答應：「好，我知道了。」

為什麼要預想自己的告別式？

因為當你開始描繪人生的終點，是什麼氛圍、人們將如何記得你，你就會反思：從現在這一刻到告別那一天，該怎麼做，才能擁有自己期待的畫面？

這是阿公的告別式帶給我的啟發。他一生行善，幫助許多孤苦無依的孩子，在他的告別式上，人們口中傳誦的他，就是個值得敬重的人。

人生無常，我們無法預測死亡何時降臨，或許是多年以

後，也可能就在明天，因此我們能做的，就是從今天、從當下這一刻去累積，每做一點，距離你期待的結果就更接近一點。

你希望人們如何記得你？

在公司附近，我常遇到幾個叫賣手工餅乾的唐氏症孩子，我自己不吃甜食，但是我會停下來買三包不同口味，送給大樓的警衛。

買餅乾時，我都會利用那短短的時間，跟他們說幾句加油打氣的話。

有一陣子，我因為出國頻繁，較少進公司，那些孩子看到別著磊山logo別針的同事，主動跟他們說：「可不可以告訴那位姊姊，我已經準備好了三種口味，請她過來拿。」

我到復興北路吃清粥小菜時，三不五時有身障朋友進來兜售小東西，我通常也會捧場，說幾句鼓勵的話。

某一天，又有身障朋友推著輪椅進來，一看到我，非常開心地說：「原來是妳啊！我找妳很久了。」然後，她從包包裡拿出自己縫的針線包送給我。

我有點驚訝，就問她：「妳認識我嗎？」

她說：「我記得妳，因為妳每次跟我買東西都會說謝謝。」

買東西時，順口說聲加油或謝謝，對我來說實在是微不足道的小事，然而對方記在心中，甚至願意花心思回報我。

我希望，在我的告別式上，人們記得的李佳蓉，就是這樣一個溫暖、激勵人心的人。當內心浮現這樣的畫面，我活著的每一個當下，就變得更有意義。

終章
活出自己的一抹紅

今年二月的第一個星期一，受到新冠肺炎疫情的影響，原訂前往上海的行程取消，多出一天空檔的我有點不知所措，念頭一轉，決定前往陽明山竹子湖一遊。

我從捷運信義安和站出發，搭到台北車站再坐公車上陽明山。在竹子湖下車後，微涼的空氣中飄著毛毛細雨，我撐著傘，慢慢地往前行，先在路邊小店裡喝了一碗三十元的地瓜湯，捧著熱騰騰的碗，身體都暖和起來。之後，我又買了一包紅心芭樂，沾著梅子粉，邊瀏覽沿途風景邊吃。

途中，經過一家花店，由於當時店裡沒有客人，女店員便跟我閒聊了起來，教我怎麼養多肉植物，在我要離開時，還大方送給沒有買任何東西的我，三個小小的花器。然後，我又繼

續慢慢晃，走了一段不短的路，來到國際大旅館，這才搭公車返回市區。

這是我第一次搭公車上陽明山，因為不熟悉，花了點時間摸索，花費不到一百元，就心滿意足過了一天。

不攀比，才能活得自在

這一天要怎麼過，其實都是自己決定。

人生也是如此，特別是邁入下半場之後，許多責任和義務都告了一段落，很多人反而失去方向，不知何去何從，甚至有人認為自己年紀大了，又沒什麼錢，索性就自我放棄了。

但就像我那天，沒花什麼錢，還是收穫滿滿的一天，你不必家財萬貫，仍然可以把人生下半場過得很精采。

關鍵，在於你的心態。

中年是人生成就的分水嶺，或是功成名就，或是手頭拮据，更多的是不上不下的中產階級，如果我們總是抱著攀比的心態，只會眼紅別人有所成就，也就無法真正好好過下半場的人生。

還有另一種攀比，是跟自己的兒子、媳婦計較，看到兒子對媳婦好一點就會吃醋，心裡感覺不是滋味，其實都是沒有必要的。

比方說，看到媳婦拎了新的名牌包，第一個反應是：「一定是兒子送她的。」接著又想：「兒子為什麼不送我？」心中不快後就跟他們嘔氣，也讓自己陷入負面情緒中。

因此，不攀比、不計較、多退讓，你才能活得輕鬆、自在。當我們不再攀比，對自己就會更有信心，活出屬於自己的風采。

無心插柳的「一抹紅」

有位出版界的女性負責人，身材嬌小，出現在公眾場合時，經常是一襲淡雅衣裝，戴著珍珠項鍊，氣質不凡，是我很嚮往的形象。

然而，我因為個人的氣色不適合穿太淡的顏色，只能盡量挑正紅、正藍的衣服穿，漸漸地，倒也成為我的特色。有一陣子，我甚至還留了一抹紅髮，很多人看了都對我說：「佳蓉

姊，妳好炫！」

這抹紅髮，其實是無心插柳的結果。

上了年紀，難免就要染髮，有一次，髮型師不慎把我的頭髮染得太黑，幾乎就像戴了一頂黑帽子，看起來顯得老氣。為了補救，我問了好幾位髮型師的意見，多數人都認為，因為已經染得太深了，即使再染淡，顏色也蓋不過去，只能等待原來的染料慢慢褪色。

後來有位髮型師說：「前面染一抹紅色，大家就不會注意到妳的黑髮了。」我依他的建議，沒想到效果出奇地好，從此成為我的招牌。

巧合的是，那時候琉璃工房創辦人張毅的新作系列，就叫作「一抹紅」，他的創作理念是：「人生如夢幻泡影，心中仍有一抹紅」。他的詮釋，彷彿也讓我髮上的那一抹紅，變得更有深意。

當時，好幾位同業看到我的紅髮，也爭相模仿，以為那是一種時尚。他們不知道，那最初只是為了解決染髮失敗所造成的困擾而已。

到了一定年紀，很多人習慣待在舒適圈，不太願意改變，然而，改變反而可能為我們帶來新的契機。

將變動化為前進的力量

歷史上，每逢庚子年，總有災難。

今年再逢庚子年，開春就是壞消息不斷。中國大陸因為發生疫情，禁止集會，我們在當地的七個分公司，不能見面、聚集、上課，衝擊可想而知，然而這樣的困境，反而逼得我們迅速優化了線上平台。

過往，七個分公司在實體空間開晨會，人數加起來，最多不過一千人，如今透過線上平台，可以讓三千人一起開晨會，接下來則要邁向十萬人的目標。之後，兩岸還可以一起連線，這個線上平台就成為磊山很厲害的武器。

如果不是遭遇變動，我們不會那麼快完成線上平台的優化，危機反而成為我們前進的動力。

人生不同階段會帶來不同的改變，你可以選擇逃避、不作為，也可以主動出擊，將劣勢翻轉成「一抹紅」。

還是那句話，關鍵在於你的心態 ── 不要攀比、相信自己是最好的，以及危機就是契機。

　　這本書總結了我小小的人生心得，或許不是什麼大道理，卻是我的肺俯之言，那就是：你是人生的主人，這一生要怎麼過，完全掌握在你自己手裡。

50⁺ BFP017

現在開始美好

國家圖書館出版品預行編目(CIP)資料

現在開始美好 / 李佳蓉著. -- 第一版. --
臺北市：遠見天下文化, 2020.03
　　面；　公分. -- (50⁺ ; BFP017)
ISBN 978-986-479-972-5(平裝)

1.生涯規劃 2.生活指導

192.1　　　　　　　　　　109003376

作者 —— 李佳蓉
採訪整理 —— 謝其濬
主編 —— 李桂芬
責任編輯 —— 詹于瑤、李美貞（特約）
美術設計 —— 鄒佳幗

出版者 —— 遠見天下文化出版股份有限公司
創辦人 —— 高希均、王力行
遠見・天下文化・事業群　董事長 —— 高希均
事業群發行人／CEO —— 王力行
天下文化社長 —— 林天來
天下文化總經理 —— 林芳燕
國際事務開發部兼版權中心總監 —— 潘欣
法律顧問 —— 理律法律事務所陳長文律師
著作權顧問 —— 魏啟翔律師
地址 —— 台北市 104 松江路 93 巷 1 號 2 樓
讀者服務專線 ——（02）2662-0012
傳真 ——（02）2662-0007；2662-0009
電子郵件信箱 —— cwpc@cwgv.com.tw
郵政劃撥 —— 1326703-6 號　遠見天下文化出版股份有限公司
出版登記 —— 局版台業字第 2517 號

電腦排版 —— 立全電腦印前排版有限公司
製版廠 —— 東豪印刷股份有限公司
印刷廠 —— 柏晧彩色印刷有限公司
裝訂廠 —— 中原造像股份有限公司
總經銷 —— 大和書報圖書股份有限公司 電話／(02)8990-2588
初版日期 —— 2020 年 3 月 31 日第一版
　　　　　　2020 年 5 月 5 日第一版第 3 次印行

定價 —— 400 元
ISBN —— 978-986-479-972-5
書號 —— BFP017
天下文化官網 —— bookzone.cwgv.com.tw

50 PLUS

用新的方法，創造自己的理想老後